The Lotus and the Artichoke

SRI LANKA

Eine kulinarische Entdeckungsreise mit über 70 veganen Rezepten

Justin P. Moore

The Lotus and the Artichoke
SRI LANKA – Eine kulinarische Entdeckungsreise mit über 70 veganen Rezepten

Die Informationen in diesem Buch sind nach bestem Wissen und Gewissen wahrheitsgemäß und vollständig. Der Zweck dieses Buches besteht lediglich in einer anleitenden Information für all diejenigen, die mehr über die Themen Ernährung und Reisen erfahren möchten. In keiner Weise soll dieses Buch ärztliche Empfehlungen ersetzen, widerrufen oder ihnen widersprechen. Genauso sollte Vorsicht und gesunder Menschenverstand bei der Auswahl von Reisezielen und Aktivitäten maßgebend sein. Die Informationen in diesem Buch sind allgemeiner Natur und werden ohne Garantie seitens des Herausgebers und Autors angeboten. Der Herausgeber und Autor übernimmt keine Haftung für eventuell auftretende Schäden, die bei der Verwendung des Buches auftreten.

3. Auflage November 2021

Design, Illustration & Fotografie: © Justin P. Moore
Fotografische Unterstützung: Laurent Pascot (S. 8) & Julia Augustin (S. 4 & 5)
Übersetzung ins Deutsche: Julia Augustin

Druck und Bindung: Buchdruck Zentrum

Edition Kochen ohne Knochen

ISBN 978-3-95575-046-6

Ventil Verlag
Boppstr. 25
D-55118 Mainz
www.ventil-verlag.de

www.lotusartichoke.com
facebook.com/lotusartichoke
instagram.com/lotusartichoke

THE LOTUS AND THE ARTICHOKE
SRI LANKA
JPM
2015

INDIA
NSP

THE LOTUS AND THE ARTICHOKE

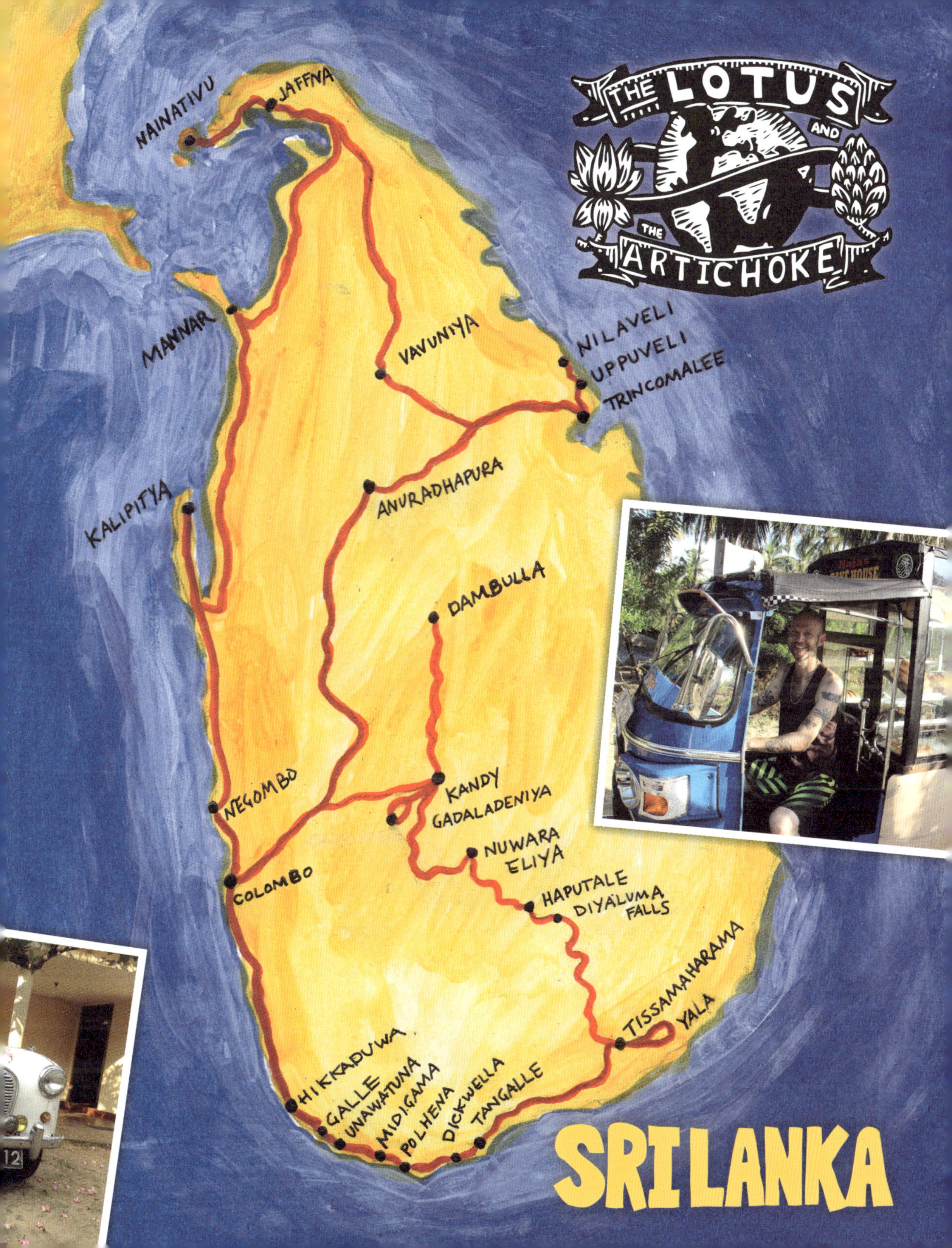

NAINATIVU
JAFFNA
MANNAR
VAVUNIYA
NILAVELI
UPPUVELI
TRINCOMALEE
KALIPITYA
ANURADHAPURA
DAMBULLA
NEGOMBO
KANDY
GADALADENIYA
NUWARA ELIYA
COLOMBO
HAPUTALE
DIYALUMA FALLS
TISSAMAHARAMA
YALA
HIKKADUWA
GALLE
UNAWATUNA
MIDIGAMA
POLHENA
DICKWELLA
TANGALLE

SRI LANKA

THE LOTUS
AND THE
ARTICHOKE

Über dieses Kochbuch

Beim Reisen neue Länder und Gerichte zu entdecken, fremde Sprachen zu hören und faszinierende Menschen aus der ganzen Welt zu treffen war schon immer ein wichtiger Teil meines Lebens. Ich wuchs in einer Familie auf, die viel reiste und umzog. Meine Brüder und ich verbrachten als Kinder sechs Jahre mit unseren Eltern auf den Marshallinseln und lernten bei Ausflügen einige mikronesische und polynesische Inseln im Pazifik kennen. Zu meiner frühen Begeisterung für das Reisen und fremde Kulturen gesellte sich bald ein schnell wachsendes Interesse für Kochen, Kunst und Fotografie.

Mit 15 Jahren beschloss ich, Vegetarier zu werden – aus ethischen, gesundheitlichen und umweltbedingten Gründen. Zwei Jahre später begann ich, vegan zu leben. Ich kochte oft für meine Familie und Freunde und war besonders von exotischen Küchen angetan. Nach der High School studierte ich Kunst und arbeitete nach meinem Uni-Abschluss als Künstler und Grafiker in Boston und Philadelphia. Schnell packte mich das Fernweh: Aus Campingausflügen und Städtetrips wurden Motorradtouren quer durch die USA, wochenlange Reisen durch Europa und schließlich ein mehrere Monate langer Backpacker-Aufenthalt in Asien. 2001 buchte ich mir abenteuerlustig ein One-Way-Ticket nach Deutschland, ließ mich in Berlin nieder und belegte einen Deutsch-Intensivkurs. Ich kochte, malte, druckte, gestaltete und fotografierte weiter und besuchte von hier aus jedes Jahr mindestens ein neues Land.

The Lotus and the Artichoke vereint alle diese Leidenschaften. Mein erstes Kochbuch, eine Sammlung internationaler veganer Rezepte, Geschichten, Kunst und Fotografie, wurde von meinen Reisen in über 40 Länder inspiriert. Nach dessen internationalen Erfolg und zwei Kickstarter-Crowdfunding-Kampagnen war es Zeit für das nächste Abenteuer. Mit meiner Partnerin Julia und unserem kleinen Sohn Kolja verbrachte ich 3 Monate in Mexiko, um Ideen für mein mexikanisch inspiriertes Kochbuch zu sammeln, das ebenfalls in Deutsch und Englisch veröffentlicht wurde.

Mein Traum von Sri Lanka begann vor einigen Jahren, als ich auf einem Berliner Flohmarkt über einen alten Reiseführer stolperte. Beim Blättern durch die vergilbten Seiten musste ich an meine Reisen durch Indien, Nepal und Südostasien denken: Fahrten in klapprigen Bussen und Zügen, einfache Unterkünfte, Tempelbesuche, Wandern im Gebirge, Schwimmen im Meer, spannende neue Bekanntschaften und überwältigend leckeres Essen. Ich begann, mehr über Sri Lankas Geschichte, Politik, Traditionen und Kunst zu lesen, und entdeckte seine fabelhafte Küche in zwei wunderbaren Restaurants in Paris und Berlin: einen faszinierenden Mix aus nord- und südindischen Aromen mit starken thailändischen und anderen asiatischen Einflüssen, der dennoch ganz einzigartig und unnachahmlich war. Ich wurde ein regelmäßiger Gast in dem srilankischen Restaurant in meiner Nähe, wo es köstlich aromatische Jackfrucht- und Rote-Bete-Currys, frisch gemachte Hopper-Crêpes und scharf-würziges Kokos-Sambol gab. In Paris verbrachte ich viel Zeit damit, in den fantastischen kleinen Lokalen nahe La Chapelle mit Köchen und Kellnern zu schwatzen, während ich traditionelle Snacks wie knusprige Dosa, gedämpfte Idli, frittierte Vada, pikante Gemüserollen, Roti und Kottu probierte.

Im Dezember 2014 wurde der Traum von Sri Lanka wahr: Wir flogen nach Colombo und reisten 10 Wochen lang durch das ganze Land. Wie schon früher versuchte ich, so oft wie möglich mit Einheimischen zu kochen, einen Blick in kleine private und größere Restaurantküchen zu werfen, neue spannende Gerichte auszuprobieren, ein paar neue Wörter in einer fremden Sprache zu lernen und mit Rikschas, Bussen, Zügen, Taxis und Motorrollern das Land zu erkunden. Ich lernte ein fantastisches Land voller Aromen, Farben, Energie, Kontrasten von Tradition und Moderne, verschiedenen Lebensphilosophien und Religionen und abwechslungsreichen Landschaften kennen. Mit diesem Kochbuch teile ich meine kulinarischen Abenteuer, Einsichten und Erinnerungen an eine Insel mit wunderbaren Bewohnern und einer großartigen Küche, das mein Herz erobert und meine Sinne verzaubert hat.

Justin P. Moore
November 2015, Berlin

Abenteuer in SRI LANKA

An einem dunklen, noch kühlen sehr frühen Morgen landete unser Flug in **Colombo**. Wir wechselten etwas Geld und stiegen in ein Sammeltaxi, das uns und unsere japanische Mitfahrerin ins Grand Oriental Hotel nach Colombo Fort brachte. Kurz nach Sonnenaufgang machte ich einen Morgenspaziergang und stolperte über einen kleinen Imbiss, wo ich mein erstes Frühstück mit schwarzem Tee, Dosa, Idli und scharfem Sambar genoss. Das Landesinnere litt nach wochenlagen Regenfällen unter Überschwemmungen, in der Hauptstadt aber brannte die Sonne. Ein wunderbarer erster Tag unseres zehnwöchigen Abenteuers im Land der Dämonen und Gewürze brach an.

Wir sprangen in eine Tuk Tuk und fuhren in die Innenstadt, wo wir zwischen modernen Gebäuden und Wolkenkratzern umherliefen und auf eine kleine Bäckerei stießen, die Dutzende Short Eats unterschiedlichster Form und Größe verkaufte. Schnell war unser Tisch mit verschiedenen herzhaften Teigtaschen, Gemüserollen und anderen Leckereien beladen. Das Geschmackserlebnis war eine umwerfende Einführung in die kulinarische Wunderwelt Sri Lankas. Gestärkt machten wir uns zum berühmten Gangaramaya-Tempel auf. Wir streiften unsere Schuhe ab, gingen hinein und meditierten zu Fuße eines riesigen goldenen Buddhas. Kolja rannte kichernd die hölzerne Treppe hinter dem Tempel auf und ab und freundete sich mit einem der Mönche in leuchtend orangefarbenen Roben an.

Später fuhren wir mit einer Tuk Tuk nach Pettah, einem südindisch-tamilisch geprägten Stadtviertel, wo sich gerade eine farbenfrohe, laute Hindu-Prozession, angeführt von einem bunt geschmückten, Bananen mampfenden kleinen Elefanten, zum alten Hindu-Tempel bewegte. Die Musiker und Tänzer trugen reich verzierte Gewänder mit glänzenden kleinen Glöckchen und opferten unter Jubelrufen frisch geöffnete Kokosnüsse.

Nach zwei Tagen Entdeckungstour in Colombo fuhren wir mit dem Bus in die alte Königsstadt **Kandy**. Auf einem steilen Hügel oberhalb des Sees fanden wir das sympathische Mango Garden Guesthouse. Abends schlenderten wir um den See herum zum Stadtzentrum, probierten Veg Kottu und besuchten einen versteckten buddhistischen Tempel, wo wir mit den Mönchen plauderten. Am nächsten Tag schauten wir uns den berühmten, streng bewachten Zahntempel an, der Sri Lankas größtes Heiligtum aufbewahrt: einen Zahn von Buddha. In dieser Nacht goss es in Strömen. Ein Abflussrohr unserer Herberge verstopfte, sodass ich, als ich nachts ins Bad wollte, plötzlich knöcheltief im Wasser stand. Es folgte ein nächtliches Spektakel, bei dem die Gasthausmitarbeiter und ich unser klempnerisches Talent unter Beweis stellen mussten.

Die Züge Richtung Osten fuhren wegen der Überschwemmungen noch nicht, also blieben wir etwas länger in Kandy. Das Frühstück im Mango Garden – gelbes Dal Curry, frische Hopper, ofenwarmes Brot, Kokos-Sambol und Bananen-Pfannkuchen – war fantastisch. Am Silvesterabend durfte ich dem Koch über die Schulter schauen, als er ein extravagantes Menü mit sieben veganen Curry- und Reisgerichten für uns zauberte. Er zeigte mir viele traditionelle Gewürze und Zubereitungsweisen. Sein Rote-Bete- und sein Weißkohl-Curry waren einfach göttlich.

Wir besuchten einige uralte Tempel im hügeligen Umland von Kandy und fuhren am Tag darauf mit einer Tuk Tuk nach **Dambulla**, wo wir die den Goldenen Tempel bewunderten und die steilen Treppen zu den berühmten buddhistischen Höhlen hinaufkletterten. Ich kaufte mir ein Beutelchen mit frischen Mangostückchen und wurde prompt von einem Affen überfallen, der flugs von einem Baum sprang und mir den Beutel direkt aus der Hand riss. Die Verkäuferin kicherte und gab mir ein neues Beutelchen. Die Höhlen waren atemberaubend schön und verführten zum Meditieren und Fotografieren. Ich zeichnete einige der beeindruckenden stehenden, sitzenden und liegenden Buddhas sowie Details der kunstvoll bemalten Höhlendecken. Draußen war es mittlerweile unerträglich heiß und ständig neue Busse spuckten weitere Touristenladungen aus. Wir beschlossen, auf die Weiterfahrt und den schweißtreibenden Aufstieg zum Sigiriya-Felsen zu verzichten und uns stattdessen einen Ort zum Abendessen zu suchen. In der Nacht plagten uns die Hitze und die Mücken, also kehrten wir nach einem schnellen Frühstück nach Kandy zurück. Im Mango Garden wurden wir wieder herzlich begrüßt, und ich freute mich, ein letztes Mal dort mitkochen und essen zu können, bevor wir am nächsten Morgen unsere erste Zugfahrt antraten.

Vom malerischen Bahnhof in Kandy fuhren wir ostwärts durch atemberaubend schöne Landschaften ins saftig grüne Hill Country. Nach einigen Stunden erreichten wir **Nuwara Eliya**. Unsere Unterkunft war ein von einer liebenswerten Familie betriebenes Haus im Kolonialstil, wo wir mit einem üppigen Frühstück und fantastischen selbstgemachten Reis-und-Curry-Abendessen verwöhnt wurden. Unsere Gastgeberin zeigte mir neue Curry-Gerichte und ein köstliches Dessert, Aluwa. Von unserem Zimmer hatten wir einen märchenhaften Ausblick über die nebelverhangenen Bäume und Hügel, die tagsüber von einem tiefblauen Himmel überspannt und abends vom Farbspektakel beeindruckender Sonnenuntergänge erleuchtet wurden. Abends tauschten wir uns mit Jamie und Laurent und Birol und Ildiko, zwei Pärchen, die ebenfalls im Chez Allen übernachteten, über unsere Reiseerlebnisse aus.

Einige Tage später fuhren wir mit dem Zug durch die mit Teeplantagen und Eukalyptuswäldern überzogenen Hügel weiter zur kühlen, nebligen kleinen Stadt **Haputale**. In der winzigen Küche des Bawa Guesthouse lernte ich, Mango-Ananas-Curry zu kochen, aß in einer kleinen Bäckerei das erste Mal Kokosnuss-Roti und sah bei der Zubereitung von Vegetable Roti zu. Wir besichtigten den Felsentempel in **Dowa**, der für seine meterhohe, in den Fels gehauene Buddha-Statue und uralte Höhlenmalereien bekannt ist, die das Leben von Heiligen zeigen und mit grotesken Abbildungen menschenfressender Dämonen vor den Gräueln der Hölle warnen.

Wir nahmen einen Bus in Richtung Süden, der sich wilde Serpentinen neben schroffen, dschungelüberzogenen Abgründen hinunterwand, und fuhren an den eindrucksvollen **Diyaluma**-Wasserfällen vorbei. Nachdem wir das Hill Country verlassen hatten, stiegen wir im staubigen **Wellawaya** um. Die nächste Busfahrt war anfangs noch spaßig, wurde aber schnell zum Höllenritt. Der Fahrer raste ohne Rücksicht auf Verluste und überholte dabei Tuk Tuks, Autos, Laster und Busse, ohne sich vom Gegenverkehr, Kurven oder dem Schreien der Passagiere beeindrucken zu lassen. Wie durch ein Wunder erreichten wir **Tissamaharama** unversehrt. Wir luden unsere Sachen in einer Herberge ab, probierten großartige frische Hopper an einem Straßenstand und sonnten uns neben einer riesigen buddhistischen Dagoba. Am nächsten Morgen kletterten wir vor Tagesanbruch schlaftrunken in einen Safari-Jeep, der uns in den noch dunklen **Yala-Nationalpark** fuhr, wo wir gebannt den fantastischen Sonnenaufgang beobachten. Danach ging es rumpelnd weiter durch den Park, wo wir viele Affen, Krokodile, Mungos, Wasserbüffel, Pfauen und etliche andere Vögel sahen, aber nur einen Elefanten. Wir verfolgten die Spur eines Leoparden, den wir aber leider nicht zu Gesicht bekamen. Nach einem kleinen Picknick mittags fuhren wir wieder zurück nach Tissa, wo wir noch eine weitere Nacht blieben.

Am nächsten Tag ging es mit dem Bus nach **Matara**. Ich war gespannt auf die berühmte srilankische Südküste. Unterwegs tausche ich mich immer mit anderen Reisenden über mögliche neue Ziele aus. Reiseführer und Karten sind hilfreich, aber es ist viel spannender, spontan Geheimtipps zu erkunden, als sich immer streng an eine im Voraus geplante Route zu halten. Wir hörten, dass **Tangalle** ein entspannter kleiner Strandort mit vielen Backpackern sei, also schauten wir uns dort um und fanden schnell ein kleines Zimmer für eine Nacht. Am nächsten Morgen machte ich mich auf die Suche nach den besten Essens- und Unterkunftsmöglichkeiten und traf dabei zufällig Jamie und Laurent wieder. Kurze Zeit später lernten wir ein deutsches Pärchen kennen, dass auf der Veranda ihres Bungalows bei Peacock Land, einem familiengeführten Gasthaus zwischen Strand und Mangrovenwäldern, saß und las. Nandini und Hariseva waren auch aus Berlin. Schnell fanden wir heraus, dass wir gemeinsame Freunde hatten. Als ich dann das unglaubliche Essen sah, dass die Familie auf der Terrasse neben der Küche servierte, war klar, dass wir in den Bungalow neben unseren neuen Freunden einziehen würden.

Morgens paddelte ich mit einem Kayak durch die hohen Mangrovenwälder, lauschte den Geräuschen der Natur und schaute Affen und Vögeln zu, die in den Baumwipfeln saßen. Die Wellen und die Strömung am Strand waren zu stark, um zu schwimmen, doch nur ein paar Tuk-Tuk-Minuten entfernt lag der ruhige **Goyambokka**-Strand in einer malerischen Bucht. Zurück in Tangalle gab es frische Hopper und Sambol zum Frühstück und wunderbare Currys zum Abendessen, bei deren Zubereitung ich mithalf. Ich lernte, wie Bananenblüten und eine bestimmte Art von Jackfrucht-Curry gekocht werden. In einer Bäckerei entdeckte ich Kalu Dodol, ein klebrig-süßes Dessert aus Reismehl und Kokosmilch. Ein paar Tage später beschlossen wir, weiterzuziehen. Wir machten einen Abstecher zu einer riesigen begehbaren Buddha-Statue in **Dickwella** und fuhren danach nach **Polhena**, ein kleines verschlafenes Surfernest. Dort gab es nur noch ein winziges freies Zimmer. Wir gingen am Strand schwimmen und aßen scharfen gebratenen Gemüsereis an einer kleinen Straßenbude.

Am nächsten Tag zogen wir weiter nach **Midigama**. Nach viel Herumfragen fanden wir ein kleines heruntergekommenes Häuschen, das noch zu vermieten war. Beim abendlichen Duschen hielt ich beim Wasseraufdrehen plötzlich den Hahn in der Hand, während das Wasser in schnellem Strahl aus der Wand schoss. Ich reparierte es notdürftig und machte mich auf die Suche nach einer besseren Unterkunft. Wir fanden ein Zimmer in einer Surferherberge und aßen im winzigen Familienrestaurant eines Tuk-Tuk-Fahrers zu Abend. Immer noch reiselustig packten wir unsere Sachen und zogen weiter nach **Galle Fort**, wo wir bei einer netten Familie übernachteten. Kolja spielte mit deren beiden Kindern im Hof, und ich lernte, wie frische Kokosmilch und einige für mich noch neue Currys zubereitet werden. Das fantastische Indian Hut wurde zu einem unserer Lieblingsrestaurants. Nachmittags holten wir uns oft heiße Vadas und süße Kokosnusstaschen von der dudelnden Bäckerei-Tuk-Tuk. In Galle Fort stieß ich auch auf die Werkstatt eines kleinen graubärtigen Künstlers, dem ich einige seiner kunstvoll geschnitzten Buddha-Figuren und traditionell bemalten Masken abkaufte.

Unser nächstes Ziel war **Hikkaduwa**, ein recht touristischer Surferspot. Wir blieben eine Woche und wurden Stammgäste in einer kleinen Roti-Hütte. Ich lieh mir ein Surfbrett aus, tauchte in die morgendlichen Wellen und erinnerte mich dabei an unsere Zeit in Lo de Marcos in Mexico. Der Besuch des Tsunami-Museums einige Meilen nördlich von Hikkaduwa, das Fotos der Tragödie von 2004 und viele Berichte Überlebender zeigte, berührte uns tief und ließ uns lange nicht los. Wir überlegten, länger in Hikkaduwa zu bleiben, beschlossen dann aber, uns den weniger touristischen Norden Sri Lankas anzuschauen und auf dem Weg eine berühmte Stätte des Weltkulturerbes zu besuchen. Nach einer langen, heißen Busfahrt kamen wir in der alten buddhistischen Hauptstadt **Anuradhapura** an. Die antiken Bauwerke waren beeindruckend, besonders die riesige, Jahrtausende alte rote Dagoba. Unter dem Schatten des legendären Mahabodhi-Baums machten wir eine Pause und hörten den zahllosen weiß gekleideten Pilgern beim Beten und Singen zu.

Nach drei Tagen fuhren wir zur Ostküste nach **Trincomalee** weiter. Im nahe gelegenen Örtchen **Uppuveli** fanden wir Shiva's Guesthouse und freundeten uns mit einer anderen umherreisenden Familie an. Wir blieben zwei Wochen, liefen die einsamen Strände entlang, schwammen im Meer, machten Yoga auf dem Dach und besuchten die örtlichen Hindu-Tempel, die Männer meistens nur mit freiem Oberkörper betreten dürfen. Wir liehen uns einen Motorroller aus und tuckelten zu buddhistischen Ruinen im grünen Hinterland und nach Trinco, wo wir leckere Mahlzeiten und süchtig machenden Dattelkuchen im Anna Poorani Pure Vegetarian Restaurant genossen. Pavan, der Besitzer von Shiva's Guesthouse, lud uns zu sich nach Hause ein. Seine Frau bereitete ein Mittagessen für uns zu und zeigte mir, wie traditioneller Payasam-Pudding gekocht wird. In Shiva's Strandrestaurant lernte ich, wie schnelle Veg Fried Noodles mit feurigem Lunu Miris gemacht werden. Ein Wetterumschwung mit Regenstürmen ließ uns weiterreisen und einen Bus gen Norden nach **Vavuniya** nehmen, der uns im strömenden Regen dort herausließ. Die Straßen wurden zu Bächen und spülten uns in eine Herberge, wo wir ein trockenes Zimmer fanden, dessen Bad aber die Brutstätte hunderter Mücken war. Wir schauten uns die Kleinstadt mit ihren Tempeln und dem lustigen winzigen Archäologiemuseum an, und ich kaufte mir in einem Laden CDs mit traditioneller Musik.

Die Züge ins tamilisch geprägte **Jaffna** fuhren erst seit kurzer Zeit wieder regelmäßig. Bei unserer Reise durch den Norden sahen wir die Spuren, die der Bürgerkrieg in Sri Lanka hinterlassen hatte: Bombenzerfetzte Palmen, verlassene Dörfer, verfallene Hausruinen und vor sich hin rostende Militärfahrzeuge. Jaffna hatte sich erst kürzlich dem Tourismus geöffnet und strahlte ein ganz anderes Flair aus. Die touristische Infrastruktur richtete sich eher an den Bedürfnissen von UN- und NGO-Mitarbeitern aus, und viele der Menschen, die wir trafen, hatten mit humanitären Hilfsprojekten zu tun. Zuerst übernachteten wir in Morgan's Guesthouse, das durch Angelina Jolies kurzen Aufenthalt vor mehreren Jahren zu Berühmtheit gelangte. Gleich gegenüber gab es einen kleinen Imbiss, in dem wir Hoppers mit Sambol frühstückten und schwarzen Tee tranken. In der Innenstadt fanden wir das vegetarische Restaurant Malayan mit seinen köstlichen südindischen Gerichten, und auf dem Markt gab es jede Menge frisches Obst und Gemüse. Im Restaurant Mangos aßen wir die besten Dosas unserer gesamten Sri-Lanka-Reise. Ich sah den Köchen dabei zu, wie sie in unglaublicher Geschwindigkeit einen knusprigen Crêpe nach dem anderen mit den köstlichsten Füllungen zubereiteten. Im Mangos probierte ich auch das erste Mal himmlisch süßes Kesari. Wir blieben fast eine Woche im sympathischen Sarra Guesthouse, einer wunderschönen alten Villa aus der Kolonialzeit mit einem großen Garten voller farbenfroher Blumen und ein paar ausgedienten Oldtimern.

Wir machten einen Ausflug durch weiter entfernte Dörfer, in denen die Kriegsnarben noch deutlich zu sehen waren, vorbei an Tempeln, die wieder aufgebaut und deren goldgelbe Fassaden neu mit wilden Farben bemalt wurden. Nach mehreren Brücken wurde die Landschaft immer karger, bis wir eine Meerenge erreichten. Wir ließen die Tuk Tuk hinter uns, streiften Rettungswesten über und kletterten mit einer Handvoll Pilger in ein kleines marodes Fährboot, in dessen Mitte ein alter freiliegender Motor laut vor sich hin tuckerte. Wir schipperten über die unruhigen Wellen zur Insel **Nainativu**, wo wir froh waren, wieder festen Boden unter den Füßen zu haben. Durch ein riesiges Tor betraten wir das Gelände des eindrucksvoll bemalten Hindu-Tempels. Es war Mittagszeit und alle Pilger wurden mit leckerem roten Reis und Gemüsecurry bewirtet, das auf Bananenblättern serviert wurde. Als wir mit dem Essen fertig waren, kam eine kleine alte Frau auf uns zu und bot uns süßen Kokosreis mit einem herrlichem Zimt- und Kardamomduft an. Wir verweilten etwas und machten uns dann zur zweiten heiligen Stätte der Insel auf, einem buddhistischen Schrein. Während ich Skizzen in meinem Notizbuch machte, hielt Kolja im Schatten des Tempels ein Nickerchen. Später fuhren wir mit einer ähnlich klapprigen Fähre zurück aufs Festland, trafen unseren Tuk-Tuk-Fahrer wieder und rumpelten zurück nach Jaffna.

Wir reisten weiter durch den Norden nach **Mannar**. Das Essen im geschäftigen Stadtzentrum war gut, aber bis auf Mannars riesigen, uralten Baobab-Baum gab es für uns nicht viel zu sehen. Zwar hatte ich von den traumhaften Stränden dort gehört, konnte aber keine für uns passende Unterkunft finden. Also fuhren wir wieder weiter, diesmal in südlicher Richtung nach **Kalpitiya**, das mit seinen wunderschönen, endlos scheinenden Stränden mit azurblauem ruhigen Wasser und gutem Wind besonders Kitesurfer magisch anzog. Wir mieteten uns für ein paar Nächte einen bescheidenen, abgelegenen Bungalow in Strandnähe. Ich besorgte Gas für den Gaskocher, Reis und Gemüse und kochte uns einfache Mahlzeiten in der spartanisch ausgerüsteten Küche. Bei Einbruch der Nacht saß ich oft draußen und meditierte unter freiem Himmel, der von Abermillionen Sternen hell erleuchtet war.

Wir beschlossen, weiter gen Süden zu ziehen und fuhren mit einem kurzen Zwischenstopp in **Negombo** nach **Unawatuna**. Wir merkten schnell, dass der Tourismus den Ort stark verändert hatte. Noch vor zehn Jahren musste es tatsächlich paradiesisch gewesen sein, doch jetzt war es ähnlich wie Hikkaduwa eine Touristenhochburg, nur noch konzentrierter und mit wahnsinnig viel Verkehr. Das kulinarische Angebot aber war fantastisch, besonders das Essen im winzigen Familienrestaurant Mettu. An den Marktständen gab es eine riesige Auswahl an exotischem Obst und Gemüse, und ich gönnte mir jeden Tag mindestens eine frische Kokosnuss von meinem Lieblingsstraßenverkäufer, der mir stets lachend versicherte, ich könne auch später bezahlen. Wir fanden ein Zimmer mit kleiner Außenküche auf dem Dach eines Gasthauses, wo wir uns unser Frühstück und Gemüsecurrys zubereiteten. Das Beste an Unawatuna war der Jungle Beach, den man nach einer Wanderung durch dschungelbewachsene Hügel erreichte. Das Wasser war traumhaft warm und klar. Hinter einer Aufschüttung aus Felsbrocken, über die man klettern oder um die man herumschwimmen musste, versteckte sich ein zweiter Traumstrand.

Nach einer Woche zogen wir ein paar Kilometer weiter ins kleine **Dalawella**, wo wir die letzten Wochen unseres Sri-Lanka-Abenteuers verbrachten. Wir trafen eine lustige deutsche Globetrotter-Familie aus Berlin, durch die wir Pearly kennenlernten, mit der ich viel Spaß beim gemeinsamen Kochen hatte und in deren Cabana wir blieben, bis wir uns für unsere letzten Tage einen geräumigeren Bungalow mit Garten direkt am Strand gönnten. Morgens liefen wir zum Wijaya Beach, einem durch ein Felsriff geschützen natürlichen Pool mit warmem, flachem und kristallklarem Wasser. Oft fuhren wir ins nahe gelegene Galle, um einzukaufen, indisches Essen zu genießen oder den graubärtigen Künstler zu besuchen, mit dem wir uns angefreundet hatten. Wir machten auch einen Ausflug nach **Mirissa**, um die Leute, den Strand und das Essen dort kennenzulernen.

Der Tag unseres Rückflugs rückte immer näher. Wir packten unsere Sachen und fuhren mit mehreren Bussen und Tuk Tuks nach **Negombo**, wo wir unsere letzte Nacht im Sea Joy verbrachten, einem gewöhnlichen Gasthaus mit außergewöhnlich gutem Essen. Wir spazierten durch den Ort, aßen noch einmal Jackfrucht-Curry mit Parathas und genossen unseren letzten srilankischen Sonnenuntergang am Meer. Ich kaufte mir eine Menge traditioneller Gewürze und feilschte um einige letzte Souvenirs und Geschenke. Es gibt Länder, Kulturen und Küchen, die einen faszinieren, verwandeln und prägen, und nicht nur erinnert, sondern wieder besucht werden wollen. Ich denke fast jeden Tag an Sri Lanka und hoffe, bald wieder zurückzukehren – für neue Abenteuer, Eindrücke und Geschmacksoffenbarungen.

JAFFNA
Curry Powder
Aachi
Aachi
Sambar Powder
Poudre de Sambar

COMIDA
CASERA

In der Küche

Kochen wie in Sri Lanka – das ist einfach, unglaublich lecker und in jeder Küche möglich! Meine Rezepte verwenden leicht erhältliche Zutaten, die es in normalen Lebensmittelgeschäften, Bioläden, Supermärkten mit internationalen Abteilungen und Asiamärkten mit Gewürzen aus aller Welt gibt. Ein paar Dinge machen das Kochen noch authentischer, aber deine Küche ist bestimmt schon gut ausgerüstet. Die meisten Rezepte geben Alternativen für exotischere Zutaten oder Möglichkeiten an, das Vorbereiten und Kochen zu vereinfachen. Solltest du noch kein Küchenprofi sein, halte dich einfach genau an die Rezepte. Nach etwas Übung kannst du richtig kreativ werden. Am wichtigsten beim Kochen sind Leidenschaft, Inspiration, Experimentierfreude und die Lust am Entdecken neuer Geschmacksrichtungen und Zutaten. Und natürlich der Genuss!

Obst & Gemüse
Ich empfehle immer frische Bio-Zutaten. Gefrorene Beeren, Früchte und Gemüsesorten (Spinat, grüne Bohnen etc.) sind auch super. Frische Jackfrucht ist großartig, aber grüne (junge, ungesüßte) Jackfrucht aus der Dose funktioniert ebenso gut. Gelbe, süße Jackfrucht findet sich oft leichter und kann bei vielen meiner Rezepte auch verwendet werden, ist aber weicher und fruchtiger. Du solltest sie bei herzhaften Gerichten vorher abgießen und spülen. Wenn du Konserven verwendest, greife wenn möglich zu ungesüßten, ungesalzenen und zusatzstofffreien Bio-Produkten.

Kochen mit Kokosnuss
Sri Lanka ist die Insel der Kokosnuss! Kokosraspel und Kokosmilch (S. 24) aus frischer Kokosnuss sind einfach unschlagbar. Schüttle die Kokosnuss, bevor du sie kaufst: Wenn kein Wasser darin plätschert, ist sie innen wahrscheinlich schimmelig. Hochwertige getrocknete Kokosraspel funktionieren bei den meisten Rezepten ebenfalls, sollten aber vorher eingeweicht werden. Du kannst sie mit etwas Tricksen auch mit Soja- oder Nussmilch ersetzen. Kokosöl solltest du ausprobieren: Es ist gesund und schmeckt fantastisch! Raffiniertes Kokosöl hat einen subtileren Geschmack, natives lässt sich aber genauso gut verwenden. Deine Zutaten sollten möglichst biologisch, wenig verarbeitet und zusatzstoff- und konservierungsmittelfrei sein. Ich habe vieles ausprobiert und kann nach sehr guten Kocherfahrungen besonders die Premium-Bio-Kokosnussprodukte von Dr. Goerg empfehlen.

Gewürze, Kräuter & Chilischoten
Frisch gemahlene Gewürze sind wunderbar aromatisch! Das gilt besonders für schwarzen Pfeffer, Kreuzkümmel und Koriander. Probiere unbedingt Gewürze wie Asafoetida (Hingpulver), Senf- und Bockshornkleesamen aus. Mische dir dein eigenes Curry zusammen (S. 23). Der Geschmacksunterschied wird dich umhauen! Gewürzmischungen aus dem Laden sparen Zeit, sind aber weniger aromatisch und oft nicht authentisch. Bewahre Gewürze immer in luftdichten Behältern an einem kühlen, trockenen Ort auf. Einmal geöffnete oder gemahlene Gewürze solltest du nach 3 bis 4 Monaten ersetzen. Wenn sie alt sind, schmecken sie abgestanden und ruinieren deine Gerichte. Curryblätter, frisch oder getrocknet, sind ein absolutes Muss für ein authentisches srilankisches Geschmackserlebnis. Sie sind leicht erhältlich und werden deine Gäste beeindrucken. Pandanusblätter sind nicht unbedingt notwendig, verleihen Gerichten aber eine tolle Note. Scharfes Essen ist nicht dein Ding? Ersetze Chilipulver einfach mit edelsüßem Paprikapulver und koche nur mit entsamten Chilischoten.

Süßungsmittel, Salz & Soßen
Kokosblütensirup und -zucker sind aus der srilankischen Küche nicht wegzudenken. Ich benutze beides, wenn es möglich und einigermaßen erschwinglich ist. Alternativ lassen sich dunkler Agavensirup oder unraffinierter Rohrohrzucker verwenden. In Rezepten mit Zitronen- oder Limettensaft, Essig und anderen sauren Zutaten gleiche ich den Geschmack oft mit etwas Süße aus. Zum Würzen verwende ich Meer- oder Himalayasalz. Ich empfehle außerdem eine hochwertige japanische Sojasoße wie z. B. Shoyu, die wesentlich besser schmeckt als billige Alternativen. Fertig gekaufte Chutneys und Soßen sind praktisch und zeitsparend, aber selbstgemacht sind sie geschmacklich nicht zu toppen.

Mehl & Getreide
In der Regel verwende ich Weizenmehl Type 550. Ab und zu mische ich es mit Vollkornmehl, um den Nährwert zu erhöhen. Die meisten Rezepte funktionieren mit kleineren Anpassungen auch mit Dinkelmehl. Reis- und Kichererbsenmehl aus dem Asialaden sind normalerweise feiner gemahlen und funktionieren bei diesen Rezepten besser als konventionelle oder Bio-Alternativen. Du kannst dein Mehl auch mit dem Trockenaufsatz eines Hochleistungsmixers selbst mahlen, musst dann aber je nach Mahlgrad die Mengen in den Rezepten anpassen. Bei Reis verwende ich am liebsten Basmati-, Jasmin-, roten oder Naturreis. Spüle Reis vor dem Kochen immer und lass ihn gut abtropfen.

Linsen, Bohnen, Tofu, Sojaschnetzel & Seitan
Ich verwende fast immer getrocknete Linsen, Bohnen und Kichererbsen. Alles was aus der Dose kommt, sollte vor dem Kochen abgegossen und gespült werden. Getrocknete Linsen und Bohnen sollten ebenfalls gut gespült, Bohnen außerdem über Nacht eingeweicht, abgegossen und in frischem Wasser ohne Salz weichgekocht werden. Du sparst dir einige Stunden Einweichzeit, wenn du die getrockneten Bohnen 5 bis 10 Min. kochst, dann die Flamme abstellst und sie abgedeckt 1 bis 2 Stunden vor dem eigentlichen Kochen einweichen lässt. In Sri Lanka wird, wie in diesem Kochbuch auch, nur selten Tofu verwendet. Wenn du Seitan oder Sojaschnetzel mit Tofu ersetzen möchtest, nimm extra festen Bio-Tofu. Presse das überschüssige Wasser heraus, indem du den Tofublock in ein sauberes Geschirrtuch wickelst und ihn 30 bis 60 Min. mit ein paar Schneidebrettern beschwerst. Räuchertofu passt super zu einigen Currys und Pfannengerichten. Tofu, Sojaschnetzel und Seitan können in den meisten Rezepten mit Gemüse wie Blumenkohl, Kartoffeln, Möhren oder Pilzen ersetzt werden.

Gewicht & Maßeinheiten
In diesem Kochbuch verwende ich amerikanische und europäische Maßeinheiten. Alle Angaben habe ich sorgfältig getestet und geprüft. Beim Kreieren und Verfeinern von Rezepten messe ich immer Volumen und Gewicht. Mehl siebe ich nicht. Meine Angaben beziehen sich auf abgestrichene Messlöffel und das ungefähre Gewicht. Meine Rezepte sind keine exakten Formeln für ein perfektes Ergebnis, sondern inspirierende Richtlinien. Vertrau auf dein Bauchgefühl, wandle die Rezepte ab, hab Spaß und genieße das Kochen!

Küchenutensilien & -gerätschaften
Ein Hochleistungsmixer ist Gold wert. Ich benutze meinen Vitamix jeden Tag für Smoothies, Soßen oder Desserts. Meine Rezepte funktionieren aber auch mit einem günstigeren Gerät – ich habe es selbst getestet. Für Soßen, Chutneys und das Häckseln und Pürieren kleinerer Zutatenmengen ist eine kleine Küchenmaschine prima. Zum Mahlen von Nüssen und Samen benutze ich eine kleine elektronische Kaffeemühle oder, ganz alte Schule, Mörser und Stößel. Ich besitze einige teure Messer, kann aber auch mit dem auskommen, was andernorts gerade verfügbar ist. Beschichtete Pfannen und Töpfe mit passenden Deckeln sind ebenfalls eine gute Investition. Srilankische Mahlzeiten bestehen oft aus vier bis fünf Curry-Gerichten und Reis. Mehrere mittelgroße und zwei größere Töpfe sind daher sehr hilfreich. Für Pancakes, Roti und Hopper empfehle ich eine gusseiserne Pfanne. Zum Rösten kleinerer Mengen von Nüssen und Samen nehme ich eine kleine beschichtete Pfanne. Wenn du Idli und Hopper magst, solltest du dir einen Idli-Dämpfer und eine Hopper-Pfanne oder einen kleinen Wok zulegen.

Rezeptzubereitung
Die einzelnen Schritte sind so einfach und verständlich wie möglich beschrieben. Meine Fotos zeigen, wie die Gerichte aussehen und angerichtet werden können. Keine Panik, wenn deine Kreationen anders werden! Mach es einfach auf deine Weise! Die Zubereitungszeit enthält nicht das teilweise lange Einweichen, Kaltstellen, Gefrieren, Gehenlassen von Teig etc. Rezepte, die Extrazeit benötigen, sind mit einem „+" gekennzeichnet. Die Portionsangaben zeigen, mit welcher Menge in etwa zu rechnen ist. Du kannst die Rezepte nach Belieben verdoppeln oder halbieren. Die meisten Rezepte sind für 2 bis 3 Portionen gedacht, manche reichen aber auch für 4 oder mehr aus.

Lucky 13
ROASTED CURRY POWDER

Die magische 13
selbstgemachtes geröstetes Currypulver

ca. 1/2 Tasse / Dauer 20 Min.

1/3 Tasse (25 g) Koriandersamen (ganz)
1 1/2 EL (10 g) Kreuzkümmelsamen (ganz)
1 TL Fenchelsamen (ganz)
1 TL schwarze Pfefferkörner (ganz)
2 TL Bockshornkleesamen
1 TL schwarze Senfsamen
3 Stückchen Zimtrinde
10 frische oder **20 getrocknete Curryblätter**
3 Kardamomkapseln (ganz)
3 Nelken (ganz)
1 oder 2 getrocknete rote Chilischoten *wenn gewünscht*
1 getrocknetes Pandanus- oder **1 getrocknetes Lorbeerblatt**
1/2 TL Kurkuma

1. Eine schwere, am besten gusseiserne Pfanne auf mittlerer Flamme erhitzen.
2. **Alle Gewürze** außer dem **Kurkuma** hineingeben und unter ständigem Rühren 5 bis 7 Min. rösten, bis sie aromatisch duften. Vorsicht: Nicht anbrennen lassen.
3. Vom Herd nehmen und abkühlen lassen. Mit einer elektrischen Kaffee- oder Gewürzmühle oder per Hand mit Mörser und Stößel zu einem feinen Pulver vermahlen.
4. **Kurkuma** unterrühren.
5. In einen luftdichten Behälter geben und an einem dunklen, kühlen Ort aufbewahren.
   Das Currypulver hält sich 2 bis 3 Monate lang.

Variationen:
Die magische 7: Bei gleicher Zubereitung nur Koriander-, Kreuzkümmel-, Fenchel- und schwarze Senfsamen, Curryblätter, Kardamom und Kurkuma verwenden.

Selbstgemachte Kokosmilch
Herstellung & Verwendung

2 bis 3 Tassen / Dauer 20 Min.

1/2 Tasse (45 g) frisch geraspelte oder **gehackte Kokosnuss**
oder **1/3 Tasse (25 g) getrocknete Kokosraspel**
2–3 Tassen (500–700 ml) Wasser

1. Beim Verwenden eines Hochleistungsmixers muss die Kokosnuss vorher nicht geraspelt, sondern nur gehackt werden. Die braune feste Haut vom Kokosfleisch entfernen, bevor es in den Mixer gegeben wird.
2. Getrocknete **Kokosraspel** vor dem Verwenden 20 bis 30 Min. in warmem **Wasser** einweichen.
3. Die gehackte oder geraspelte **Kokosnuss** unter kontinuierlichem Zugeben von **Wasser** und auf immer höherer Stufe 60 bis 90 Sek. lang glatt pürieren.
4. Je nach Wunsch bzw. je nachdem, wie gut der Mixer arbeitet, noch mehr Wasser hinzufügen.
5. Dünnere, glattere Kokosmilch: Die Kokosmilch aus dem Mixer durch ein feinmaschiges Sieb oder ein Geschirrtuch abseihen. Die herausgefilterten Kokosrückstände können auf Wunsch für eine zweite, dünnere Kokosmilch zurück in den Mixer gegeben werden.

Hinweise:
In Sri Lanka werden Kokosnüsse traditionell mit einem handbetriebenen, am Tisch befestigten Raspler mit scharfen Klingen geraspelt und dann in einem einfachen herkömmlichen Mixer mit warmem Wasser püriert (oder aber per Hand in eine Schüssel ausgedrückt). Danach wird die Milch abgeseiht, um größere Kokosteilchen bzw. das Kokosfruchtfleisch herauszufiltern. Die „erste Kokosmilch" ist dicker und fettreicher als die „zweite Kokosmilch", die mit dem nach dem Abseihen übrig gebliebenen Kokosresten hergestellt wird.

Die dickere „erste" Kokosmilch (oder Kokoscreme) wird normalerweise immer erst gegen Ende des Kochens hinzugefügt, nachdem die Flamme bereits abgestellt wurde, und niemals bei hohen Temperaturen gekocht. Bei den meisten Rezepten wird mit dünner Kokosmilch begonnen und die dickere erst in den letzten Kochminuten unter ständigem Rühren zugegeben, während das Curry vom Herd genommen wird, damit die Kokosmilch nicht flockt oder sich die fettreichen Teile vom Kokoswasser trennen.

Meine Rezepte habe ich sowohl mit selbstgemachter wie auch mit Kokosmilch aus dem Laden getestet. Wenn du selbstgemachte, dicke cremige Kokosmilch verwendest, musst die die Kochzeiten und -temperaturen ggf. etwas anpassen. Mit selbstgemachter dicker Milch schmecken die Gerichte fantastisch. Pass aber auf, dass du diese Kokosmilch nicht kochst, da sich sonst Wasser und Creme voneinander trennen.

SALATE & CHUTNEYS

Wilder Blattsalat
mit Mango-Ingwer-Dressing

3 bis 4 Portionen / Dauer 15 Min.

100 g junges Blattgemüse (Löwenzahn, Sauerampfer, Rucola, Spinat o. Ä.)

Mango-Ingwer-Dressing:

1/2 mittelgroße (200 g) Mango grob gehackt
2 cm frischer Ingwer fein gehackt
1–2 EL Zitronensaft
1 EL Olivenöl
1–2 EL Agavensirup oder **Zucker**
1 TL Sojasoße (Shoyu)
1/2 TL Salz
1/4 Tasse (60 ml) Wasser

1. **Alle Zutaten** bis auf das **Wasser** in einen Mixer oder eine Küchenmaschine geben. Zutaten mehrmals kurz häckseln. Nach und nach **Wasser** zugeben und die Mischung zunächst auf niedriger, dann auf hoher Stufe zu einem glatten Dressing pürieren.
2. Nach Geschmack mehr **Agavensirup** zugeben oder nachsalzen.
3. Wildes **Blattgemüse** auf Tellern oder in Schüsseln anrichten und das Dressing darüber geben.

Variationen:

Bunt: Geraspelte oder klein gehackte Möhren und Cherrytomaten zugeben.
Nussig: Mit leicht gerösteten Sonnenblumen- oder Kürbiskernen, Pecan- oder Walnüssen garnieren.

Pearlys Mixed Salad
Möhre-Kokos-Rettich-Salat

3 bis 4 Portionen / Dauer 15 Min.

3/4 Tasse (80 g) frisch geraspelte Kokosnuss
oder **1/2 Tasse (40 g) getrocknete Kokosraspel + 3 EL Wasser**
2 mittelgroße (120 g) Möhren geschält, geraspelt
1 großer (120 g) weißer Rettich geschält, geraspelt
8–10 (80 g) Cherrytomaten geviertelt
oder **1 mittelgroße Tomate** gehackt
1 kleine (80 g) rote Zwiebel fein gehackt *wenn gewünscht*
2 EL Zitronensaft
1/2 TL schwarzer Pfeffer
1/4–1/2 TL Meersalz

1. Getrocknete **Kokosraspel** vor dem Verwenden 15 Min. in Wasser einweichen.
2. **Alle Zutaten** in eine große Schüssel geben und gut vermischen. Abdecken und 60 Min. vor dem Servieren im Kühlschrank kaltstellen und durchziehen lassen.
3. Nach Geschmack nachsalzen und servieren.

Variationen:
Bunt & vielfältig: Avocado-, Gurken- und Ananaswürfel und frische gehackte Minze, Petersilie und/oder Basilikumblätter hinzufügen.

Hikkaduwa Sunset Salad

Ananas-Gurke-Cashew-Salat mit Limette & Basilikum

2 bis 3 Portionen / Dauer 15 Min.

2 Tassen (250 g) Ananas gehackt
1 mittelgroße (150 g) Gurke geschält, klein geschnitten
3–4 EL (30 g) Cashewkerne leicht geröstet
1 EL Limettensaft
5–6 frische Basilikumblätter fein gehackt
1/4 TL schwarzer Pfeffer gemahlen
1/4 TL Meersalz

1. **Alle Zutaten** in eine Salatschüssel geben und gut vermischen.
2. Nach Geschmack nachsalzen.

Variationen:

Rot: Gehackte Cherrytomaten oder sonnengetrocknete Tomaten hinzufügen. **Nussig:** Walnüsse, Sonnenblumen- oder Kürbiskerne zugeben. **Grüner:** Gehackten frischen Spinat oder Rucola untermischen.

Amba Salad
Mango-Tomate-Gurke-Salat

3 bis 4 Portionen / Dauer 10 Min.

1/2 mittelgroße (200 g) Mango geschält, klein geschnitten
6–8 (200 g) kleine Pflaumentomaten geviertelt
1/2 mittelgroße Gurke geschält, klein geschnitten
1 EL Olivenöl
1 EL Limettensaft
1/4 TL schwarzer Pfeffer
1/4 TL Meersalz
1–2 EL frisches Koriandergrün oder **Petersilie** gehackt, zum Garnieren

1. **Alle Zutaten** in eine Salatschüssel geben und gut vermischen.
2. Nach Geschmack nachsalzen und servieren.

Variationen:

Zwiebelig: 1 kleine gehackte Zwiebel zugeben. (Zwiebelstückchen für mehr Biss und einen abgemilderten Zwiebelgeschmack 10 Min. in kaltem Wasser einweichen und abgießen.)

Pol Sambol
Klassische Kokosnuss-Würzmischung

ca. 2 Tassen / Dauer 20 Min.

2 Tassen (180 g) frisch geraspelte Kokosnuss
oder **1 Tasse (85 g) getrocknete Kokosraspel + 1/2 Tasse (120 ml) Wasser**
1 kleine rote Zwiebel fein gehackt
1 Knoblauchzehe fein gehackt
1/2 TL schwarzer Pfeffer gemahlen
1/2–1 TL Chilipulver
1 TL Paprikapulver
1 TL Zucker
1–2 EL Limettensaft
1/4–1/2 TL Meersalz
1 rote oder **grüne Chilischote** entsamt, fein gehackt

1. Getrocknete **Kokosraspel** vor dem Verwenden 20 Min. in Wasser einweichen.
2. In einem Mörser **Zwiebel** und **Knoblauch** zu einer Paste zerstoßen und zermahlen. Alternativ die kleinen Stückchen in einer Schüssel vermischen.
3. **Kokosraspel**, **schwarzen Pfeffer**, **Chilipulver**, **Paprikapulver** und **Zucker** zugeben und alles gut miteinander vermengen.
4. **Limettensaft** und **Salz** unterrühren. Nach Geschmack mehr **Salz** oder **Limettensaft** zugeben.
5. Mit einer fein gehackten **roten** oder **grünen Chilischote** garnieren.
6. Mit Dal Curry, Hoppers, Brot oder Snacks servieren.

Variationen:
Extra scharf: 1/2 bis 1 TL rote Chiliflocken zusammen mit den anderen Gewürzen unterrühren.

Mint Sambol
erfrischend pikanter Minz-Kokos-Mix

ca. 1 1/2 Tassen / Dauer 20 Min.

1 Tasse (100 g) frisch geraspelte Kokosnuss
oder **1/2 Tasse (45 g) getrocknete Kokosraspel + 1/4 Tasse (60 ml) Wasser**
3/4 Tasse (10 g) frische Minzblätter fein gehackt
1 kleine rote Zwiebel fein gehackt
2 cm frischer Ingwer fein gehackt
1 Knoblauchzehe fein gehackt
1–2 rote oder **grüne Chilischoten** fein gehackt *wenn gewünscht*
2–3 EL Limettensaft
1/4 TL Meersalz

1. Getrocknete **Kokosraspel** 20 Min. in Wasser einweichen.
2. In einer Schüssel **Kokosraspel**, **Zwiebel**, gehackten **Ingwer**, **Knoblauch** und **Chili** (falls verwendet) gut miteinander verrühren.
3. Gehackte **Minzblätter** untermengen.
4. **Limettensaft** und **Salz** (je nach Geschmack auch etwas mehr) unterrühren.
5. Mit fein gehackten **Chilistückchen** garnieren.
6. Mit Currys, Hoppers, Brot oder Snacks servieren.

Variationen:
Sämiges Sambol: 1 bis 2 EL Wasser hinzufügen und in einem Mörser oder einer Küchenmaschine zu einer Paste vermahlen bzw. pürieren. **Süße Note:** 1 TL Agavensirup oder Zucker unterrühren.

Seeni Sambol
süß-würziges Zwiebel-Tomaten-Chutney

ca. 2 Tassen / Dauer 30 Min.

2 mittelgroße (300 g) rote Zwiebeln halbiert und in dünne Scheiben geschnitten
1 mittelgroße (90 g) Tomate gehackt
1 Knoblauchzehe fein gehackt
2 cm frischer Ingwer fein gehackt

1 EL Tamarindenpaste (ohne Samen) oder **Tomatenmark**
1/4 Tasse (60 ml) Kokosmilch oder **Wasser**
2 EL Limetten- oder **Zitronensaft**
2 EL Zucker
3/4 TL Meersalz
2 EL Kokos- oder **Pflanzenöl**
1 TL schwarze Senfsamen
1 TL Chili- oder **Paprikapulver**
1/4 TL Koriander gemahlen
2 Nelken
2 Kardamomkapseln
1 kleines Stückchen Zimtrinde oder **1/4 TL Zimt** gemahlen
10–12 Curryblätter

1. **Tamarindenpaste** mit **Kokosmilch** (oder **Wasser**) und **Limetten**- oder **Zitronensaft** verquirlen.
2. In einem mittelgroßen Topf **Öl** auf mittlerer Flamme erhitzen. **Senfsamen** hineingeben. Nach deren Aufplatzen (nach etwa 20 bis 30 Sek.) **Zwiebelscheiben**, **Knoblauch**, **Ingwer**, **Chili**- oder **Paprikapulver**, gemahlenen **Koriander**, **Nelken**, **Kardamomkapseln**, **Zimt** und **Curryblätter** einrühren. 5 bis 7 Min. unter regelmäßigem Rühren braten, bis die Zwiebeln weich werden.
3. Gehackte **Tomate** zugeben. 2 bis 3 weitere Min. unter regelmäßigem Rühren schmoren, bis die Tomatenstückchen zerfallen.
4. **Tamarindenmischung**, **Zucker** und **Salz** einrühren.
5. Zum Köcheln bringen. Flamme herunterstellen. Unter gelegentlichem Rühren 10 bis 15 Min. köcheln, bis die Zwiebeln sehr weich sind und die Soße eingedickt ist. **Nelken**, **Kardamomkapseln** und **Zimtrinde** entfernen. Abkühlen lassen.
6. Mit Papadam, Snacks, Brot oder Currys servieren.

Tamarind Date Chutney

exotische süßsaure Soße

ca. 1 Tasse / Dauer 30 Min.

1 kleine rote Zwiebel fein gehackt
1/3 Tasse (40 g) Datteln fein gehackt
1 Knoblauchzehe fein gehackt
2 cm frischer Ingwer fein gehackt
1 1/2 EL Tamarindenpaste (ohne Samen)
2 TL Reisessig oder **1 EL Zitronensaft**
1/2 Tasse (120 ml) Wasser
1 TL Pflanzenöl
1 TL schwarze Senfsamen
1/4 TL Koriander gemahlen
1/4 schwarzer Pfeffer gemahlen
8–10 Curryblätter
1 kleines Stückchen Zimtrinde oder **1/4 TL Zimt** gemahlen
1/3 Tasse (65 g) Zucker

1. In einer Schüssel **Tamarindenpaste**, **Essig** (oder **Zitronensaft**) und **Wasser** verquirlen.
2. In einem mittelgroßen Topf **Öl** auf mittlerer Flamme erhitzen. **Schwarze Senfsamen** hineingeben. Nach deren Aufplatzen (nach etwa 20 bis 30 Sek.) gehackte **Zwiebel**, **Knoblauch**, **Ingwer**, gemahlenen **Koriander**, **schwarzen Pfeffer**, **Curryblätter** und **Zimt** einrühren. 5 bis 7 Min. anbraten, bis die Zwiebel zu bräunen beginnt und weich wird.
3. **Tamarindenmix**, **Datteln** und **Zucker** einrühren. Zum Köcheln bringen, dann Flamme herunterstellen. 10 bis 15 Min. unter regelmäßigem Rühren köcheln lassen, bis das Chutney eingedickt ist.
4. Vom Herd nehmen und vor dem Servieren 10 Min. abkühlen und weiter eindicken lassen.
5. Mit Short Eats, Snacks, Papadam, Currys o. Ä. servieren.

Variationen:

Vedisch: Zwiebel mit 1/2 klein geschnittenen Apfel ersetzen. Knoblauch weglassen oder mit 1 Prise Asafoetida (Hingpulver) ersetzen.

Green Chutney
Minz-Koriander-Kokos-Soße

ca. 1 1/2 Tassen / Dauer 15 Min. +

1/4 Tasse (25 g) Kokosraspel
1 Tasse (240 ml) Wasser
1 kleiner Bund Koriander fein gehackt
1 kleiner Bund Minze fein gehackt
1 kleine grüne Chilischote entsamt, fein gehackt *wenn gewünscht*
1 EL Zitronen- oder **Limettensaft**
1 TL Agavensirup oder **Zucker**
1/2 TL Meersalz

1. **Alle Zutaten** (**Wasser** zuletzt und nur nach und nach zugeben) je nach Vorliebe in einem Mörser zermahlen, im Mixer oder einer Küchenmaschine pürieren oder einfach gut in einer Schüssel verquirlen. Nach Geschmack **Zitronen**- oder **Limettensaft** und **Salz** einrühren.
2. Abdecken und 1 bis 2 Stunden im Kühlschrank kalt stellen und durchziehen lassen.
   Für ein dünneres Chutney mehr **Wasser** einrühren.

Variationen:
Noch pikanter: 1 fein gehackte Knoblauchzehe und 1 cm frischen fein gehackten Ingwer zugeben.
Anders grün: Koriander mit Petersilie ersetzen.

Yellow Chutney
Kurkurma-Ingwer-Kokos-Soße

ca. 1 1/2 Tassen / Dauer 15 Min. +

1/4 Tasse (25 g) Kokosraspel
1 Tasse (240 ml) Wasser
3 cm frische Kurkumawurzel geschält, fein gehackt oder **1/2 TL gemahlenes Kurkuma**
1 cm frischer Ingwer fein gehackt
1 kleine rote Chilischote entsamt, fein gehackt *wenn gewünscht*
1 EL Zitronen- oder **Limettensaft**
1 TL Agavensirup oder **Zucker**
1/2 TL Meersalz

1. **Alle Zutaten** – das **Wasser** dabei nur nach und nach – in einen Mixer oder eine kleine Küchenmaschine geben und häckseln, oder mit Mörser und Stößel zu einer Paste vermahlen. Nach Geschmack **Zitronen**- oder **Limettensaft** und **Salz** unterrühren.
2. Abdecken und 1 bis 2 Stunden im Kühlschrank durchziehen lassen.
   Für ein dünneres Chutney mehr Wasser unterrühren.

Variationen:
Rot statt gelb: 1/2 fein gehackte rote Paprika untermengen.

Lunu Miris
scharfe Chili-Kokosnuss-Würzpaste

ca. 2/3 Tasse / Dauer 10 Min.

1 mittelgroße rote Zwiebel fein gehackt
1 cm frischer Ingwer geschält fein gehackt
1 EL rote Chiliflocken oder **3 rote Chilischoten** fein gehackt
1/2 TL Meersalz
2 TL Limettensaft
1 TL Agavensirup oder **Zucker**
1–2 EL Kokosraspel

1. **Alle Zutaten** je nach Vorliebe entweder gut in einer Schüssel verrühren oder im Mörser mit einem Stößel zu einer Paste mit der gewünschten Konsistenz vermahlen. Oder das Rezept verdoppeln, Zutaten in eine kleine Küchenmaschine geben und zu einer groben Paste häckseln.
2. Nach Geschmack **Limettensaft**, **Salz** und **Agavensirup** oder **Zucker** unterrühren.
3. Passt hervorragend zu Veg Fried Rice, Veg Fried Noodles und allen anderen Gerichten, die einen Schärfekick vertragen können.

Variationen:
Schön rot: 1/2 TL Chili- oder Paprikapulver hinzufügen. **Noch schärfer:** 1/2 TL schwarzen Pfeffer und 2 fein gehackte Knoblauchzehen zugeben.

Würziges Ketchup
leicht scharfe Tomatensoße

ca. 1/2 Tasse / Dauer 5 Min.

2 EL Tomatenmark
1 EL Agavensirup oder **Zucker**
1 EL Zitronensaft oder **Reisessig**
1 TL Sojasoße (Shoyu)
1/4 TL schwarzer Pfeffer
1/4 TL Chili- oder **Paprikapulver**
1/4 TL Meersalz
1–2 EL Wasser

1. **Alle Zutaten** in einer kleinen Schüssel zu einer glatten Soße verquirlen. Für ein dünneres Ketchup nach Vorliebe **Wasser** unterrühren. Nach Geschmack nachsalzen.
2. Mit Bonda, Veg Rolls und anderen Snacks servieren.

SG YD - 2794
RE

SHORT EATS & BEILAGEN

Kadala Thel Dala
teuflisch würzige Kichererbsen

2 bis 3 Portionen / Dauer 30 Min.

2 Tassen (400 g) gekochte Kichererbsen
oder **1 Tasse (185 g) getrocknete Kichererbsen**
6–8 Cherrytomaten halbiert oder **1 mittelgroße (80 g) Tomate** gehackt
1 mittelgroße (100 g) rote Zwiebel gehackt oder **2–3 Frühlingszwiebeln** gehackt
1 Knoblauchzehe fein gehackt
2 cm frischer Ingwer fein gehackt
1 grüne Chilischote entsamt, fein gehackt *wenn gewünscht*
1 EL Kokos- oder **Pflanzenöl**
1/2 TL Currypulver (S. 23) *wenn gewünscht*
1/2 TL Kreuzkümmel gemahlen
1/2 TL Koriander gemahlen
1/2 TL schwarzer Pfeffer gemahlen
1 TL Chili- oder **Paprikapulver**
1/2 TL Kurkuma gemahlen
6–8 Curryblätter
2 EL Kokosraspel
1 TL Sojasoße (Shoyu)
2 EL Limetten- oder **Zitronensaft**
1 EL Agavensirup oder **Zucker**
1 TL Meersalz
frisches Koriandergrün gehackt, zum Garnieren

1. Beim Verwenden getrockneter **Kichererbsen**: 8 Stunden oder über Nacht einweichen. Abgießen, spülen und in einem mittelgroßen Topf mit frischem Wasser 60 bis 90 Min. weich kochen. Abgießen. **Kichererbsen** aus der Dose vor dem Verwenden abgießen und spülen.
2. In einem großen Topf **Öl** auf mittlerer Flamme erhitzen. Gehackte **Zwiebel**, **Knoblauch**, **Ingwer**, **Chili** (falls verwendet), **Currypulver**, gemahlenen **Kreuzkümmel**, **Koriander**, **schwarzen Pfeffer**, **Chili**- oder **Paprikapulver**, **Kurkuma** und **Curryblätter** hineingeben. 3 bis 5 Min. unter ständigem Rühren anbraten, bis die Zwiebel weich wird.
3. Gekochte **Kichererbsen**, gehackte **Tomaten**, **Kokosraspel**, **Sojasoße**, **Limettensaft**, **Agavensirup** (oder **Zucker**) und **Salz** hinzufügen. Gut umrühren. 9 bis 12 Min. halb abgedeckt unter regelmäßigem Rühren schmoren.
4. Mit frisch gehacktem **Koriandergrün** oder grünen **Frühlingszwiebelringen** garnieren und servieren.

Variationen:
Vedisch: Zwiebel und Knoblauch mit 1 Prise Asafoetida (Hingpulver) und mehr gehackten Tomaten ersetzen. **Intensiveres Rot:** 1 EL Tomatenmark zusammen mit den Kichererbsen zugeben.

Appa (Hopper)
Kokos-Reis-Crêpes

8 bis 10 Stück / Dauer 30 Min. +

1/4 Tasse (60 ml) warmes Wasser
1 EL Zucker
1/2 TL Trockenhefe
1 Tasse (240 ml) Kokosmilch (mindestens 50 % Kokosnuss) bei Bedarf mehr
2 Tassen (185 g) Reismehl
1/2 TL Backpulver
1 TL Meersalz
Pflanzenöl

1. In einer Schüssel warmes **Wasser**, **Zucker** und **Hefe** vermischen. Abdecken und 20 Min. gehen lassen.
2. **Kokosmilch** mit dem Hefewasser verquirlen.
3. **Reismehl** einrühren und zu einem glatten Teig verquirlen. Abdecken und an einem warmen Ort 3 bis 6 Stunden gehen lassen, bis der Teig kleine Bläschen gebildet und sich sein Volumen etwas vergrößert hat.
4. **Backpulver** und **Salz** einrühren. Bei Bedarf etwas mehr **Kokosmilch** (oder warmes **Wasser**) hinzufügen, bis ein relativ dicker, aber gießbarer Teig entsteht.
5. Hopper-Pfanne (oder kleinen Wok, Brat- oder Crêpepfanne) auf mittlerer Flamme erhitzen. Einige Tropfen **Öl** mit einem Stück Küchenpapier in der Pfanne verreiben. Vor jedem Hopper wiederholen.
6. 3 bis 4 EL des Teigs in die Mitte der heißen Pfanne gießen. Einige Sekunden warten, dann die Pfanne vorsichtig schwenken, bis der Teig an die Ränder reicht. Restlichen flüssigen Teig zurücklaufen lassen, damit eine dickere Pfannkuchenmitte entsteht. Wenn nach 30 Sek. keine Bläschen entstehen, ist die Pfanne nicht heiß genug. Wenn der Teig nicht an der Pfanne anhaftet, die Hitze leicht reduzieren. Abdecken und 2 bis 3 Min. backen, bis die Ränder goldbraun und knusprig sind und die Mitte fest ist.
7. Mit einem kleinen Pfannenwender die Ränder anheben, ablösen und den Hopper auf einen Teller oder in eine Schüssel legen. Zum Warmhalten bis zum Servieren abdecken.
8. Restlichen Teig in Hoppers verwandeln.
9. Hoppers mit Dal Curry (S. 81) und Pol Sambol (S. 35) servieren.

Variationen:
Flache Hopper: Traditionelle Hopper sind eigentlich kleine schüsselförmige Crêpes.
Wer keine Hopperpfanne oder einen sehr kleinen Wok besitzt, kann eine kleine Bratpfanne benutzen und damit flache Hopper-Crêpes backen.

Dal Vada
knusprig-herzhafte Linsensnacks

ca. 10 Stück / 40 Min. +

2/3 Tasse (130 g) Chana Dal (geschälte, gespaltene Kichererbsen)
1/3 Tasse (60 g) Urid Dal (geschälte schwarze Linsen)
2 cm frischer Ingwer fein gehackt
1 rote oder **grüne Chilischote** entsamt, fein gehackt
1/2 TL Kreuzkümmelsamen (ganz)
5–8 Curryblätter zerkrümelt oder klein gehackt
1/2 TL schwarzer Pfeffer gemahlen
1 Prise Asafoetida (Hingpulver) *wenn gewünscht*
1/2 TL Kurkuma gemahlen
2–3 EL Wasser
1 TL Meersalz
1/2 TL Backpulver
1–2 TL Reismehl bei Bedarf
Öl zum Frittieren

1. Beide **Linsensorten** waschen, spülen und 6 Stunden oder über Nacht in Wasser einweichen. Abgießen.
2. Abgegossene **Linsen** mit **Ingwer**, **Chili**, **Kreuzkümmel**, **Curryblättern**, **schwarzem Pfeffer**, **Asafoetida** und **Kurkuma** in eine Küchenmaschine oder einen Mixer geben.
3. 1 EL **Wasser** zugießen. Mehrere Male kurz häckseln und dazwischen die Mischung von den Mixerinnenwänden nach unten schaben. Die Mischung soll grob und stückig bleiben, daher nicht glatt pürieren. So wenig Wasser wie möglich verwenden.
4. Mischung in eine Schüssel geben, abdecken und an einem warmen Ort 30 Min. ziehen lassen.
5. **Salz** und **Backpulver** unterrühren. Der Teig sollte relativ dick und klebrig sein. Wenn der Teig zu feucht und dünn oder zu krümelig ist, 1 bis 2 EL **Reismehl** zum Binden untermengen.
6. **Öl** 3 bis 5 cm hoch in einen kleinen Topf gießen und auf mittlerer Flamme erhitzen. Das Öl ist heiß genug, wenn eine kleine Menge Teig nach dem Hineingeben brutzelt und an die Oberfläche steigt.
7. Mit einem Löffel und der Hand kleine flache Taler formen und vorsichtig ins Öl gleiten lassen. In Durchgängen mit 4 bis 5 Stück pro Ladung arbeiten. Topf nicht überladen, damit die Öltemperatur konstant bleibt.
8. Dal Vada 3 bis 5 Min. goldbraun frittieren und dabei regelmäßig wenden. Taler mit einem Schaumlöffel aus dem Öl heben, kurz abtropfen lassen und auf einen mit Küchenpapier oder einem Geschirrtuch ausgelegten Teller legen, um überschüssiges Öl aufzusaugen.
9. Mit Chutney und den eigenen Lieblingssoßen servieren.

Variationen:
Grün: Eine Handvoll gehackte Petersilie, Korianderblätter, Frühlingszwiebeln oder Spinat hinzufügen.

Idli
gedämpfte Reis-Linsen-Küchlein

3 bis 4 Portionen / Dauer 40 Min. +

1 Tasse (175 g) Basmati-Reis
1/4 Tasse (40 g) Urid Dal (geschälte schwarze Linsen)
1/2 TL Bockshornkleesamen *wenn gewünscht*
Wasser nach Bedarf
1/4 TL Salz
Pflanzenöl

1. **Reis** in eine Schüssel geben und zum Einweichen Wasser zugießen, bis dieses über dem Reis steht. In einer zweiten Schüssel **Urid Dal** und **Bockshornkleesamen** (wenn verwendet) einweichen. 6 Stunden oder über Nacht weichen lassen. Beides abgießen und spülen.
2. Mit so wenig **Wasser** wie möglich zuerst den eingeweichten **Reis** und danach die eingeweichten **Linsen** und **Bockshornkleesamen** im Mixer oder einer Küchenmaschine zu glatten Pasten pürieren. Beide Pasten in eine Schüssel geben und gut verrühren.
3. Abdecken und 8 Stunden oder über Nacht an einem warmen Ort fermentieren lassen. Die Mischung sollte nach dem Fermentieren ihr Volumen vergrößert und kleine Bläschen gebildet haben.
4. Vorsichtig **Salz** in die Mischung einrühren.
5. Idli-Form (siehe Variationen unten) leicht mit **Öl** einfetten. Etwa 2 EL der Mischung in jede Mulde geben.
6. In einem großen Topf oder Schnellkocher mit ausreichend Wasser 10 bis 15 Min. dämpfen. Die Idli sind fertig, wenn ein Zahnstocher nach dem Einstechen sauber wieder herauskommt. Vom Herd nehmen und vor dem Herauslösen aus der Form 5 Min. abkühlen lassen. Übrig gebliebenen Teig gleich weiter verarbeiten oder abgedeckt im Kühlschrank 1 bis 2 Tage lang aufbewahren.
7. Mit Sambar (S. 72) und den eigenen Lieblingschutneys servieren.

Variationen:
Ohne Idli-Form: Teig in kleine hitzebeständige Schüsseln (z. B. aus Glas oder Keramik) geben. Idli in einem großen abgedeckten Topf mit Wasser abhängig von ihrer Größe / Dicke 15 bis 25 Min. dämpfen, bis sie gestockt, aber noch weich und fluffig sind und ein Zahnstocher nach dem Einstechen sauber wieder herauskommt. 5 bis 10 Min. abkühlen lassen. Aus den Schüsseln lösen und auf Wunsch halbieren oder vierteln.

Ulunda Vada
herzhafte Linsendonuts

ca. 10 Stück / Dauer 40 Min. +

1 Tasse (185 g) Urid Dal (geschälte schwarze Linsen)
2–3 EL warmes Wasser
1/2 Zwiebel gehackt
10–12 Curryblätter
3/4 TL Kreuzkümmelsamen (ganz)
1/2 TL schwarzer Pfeffer gemahlen
2 cm frischer Ingwer fein gehackt
1–2 rote oder **grüne Chilischoten** entsamt, fein gehackt *wenn gewünscht*
1 Prise Asafoetida (Hingpulver) *wenn gewünscht*
1/4 TL Backpulver
1 TL Meersalz
Pflanzenöl zum Frittieren

1. **Linsen** spülen und 6 Stunden oder über Nacht einweichen. Abgießen und erneut spülen.
2. **Linsen** in einen Mixer oder eine Küchenmaschine geben und mit so wenig **Wasser** wie möglich (mit 1 EL beginnen und nach und nach mehr zugießen) pürieren.
3. Paste in eine Schüssel geben, gut abdecken und an einem warmen (nicht heißen) Ort 8 Stunden oder über Nacht fermentieren lassen.
4. **Zwiebel**, **Curryblätter** (wenn getrocknet, zerkrümelt; wenn frisch, gehackt), **Kreuzkümmel**, **schwarzen Pfeffer**, **Ingwer**, **Chili**, **Asafoetida**, **Backpulver** und **Salz** unter die Linsenpaste mengen. Abdecken und ruhen lassen, während das Öl heiß wird.
5. **Öl** 5 cm hoch in einen kleinen Topf gießen und auf mittlerer Flamme erhitzen. Das Öl ist heiß genug, wenn eine kleine Menge Teig nach dem Hineingeben schnell brutzelnd an die Oberfläche steigt.
6. Arbeitsfläche und Hände leicht einölen. Aus dem Teig mit den Händen kleine Kugeln formen und mit dem Finger oder dem Stielende eines Holzlöffels in der Mitte Löcher durchstoßen. Vorsichtig 4 bis 5 Donuts pro Durchgang ins heiße Öl gleiten lassen. 3 bis 5 Min. unter gelegentlichem Wenden rundherum goldbraun ausbacken.
7. Mit einem Schaumlöffel herausheben und abtropfen lassen. Vadas auf einen mit Küchenpapier ausgelegten Teller legen, um überschüssiges Öl aufzusaugen. Restliche Vada-Donuts frittieren, bis der Teig aufgebraucht ist.
8. Mit Sambar und den eigenen Lieblingschutneys servieren.

Kola Kanda
ayurvedische Kräutersuppe

4 bis 6 Portionen / Dauer 40 Min.

1/2 Tasse (95 g) Naturreis
6 Tassen (1500 ml) Wasser bei Bedarf mehr
1/2 Tasse (50 g) frisch geraspelte Kokosnuss
oder **1/4 Tasse (25 g) getrocknete Kokosraspel**
1 Tasse (40 g) Gota Kola gehackt
oder **frische Wildkräuter** (z.B. Löwenzahn, Nessel, Sauerampfer o. Ä.) gehackt
1 kleiner Bund (7 g) frische Petersilie oder **Koriandergrün** gehackt
1 cm frischer Ingwer fein gehackt
1 EL Kokosblütensirup oder **Agavensirup**
1/2 TL Meersalz
1–2 EL Limettensaft

1. **Reis** gut spülen und abtropfen lassen.
2. In einem großen Topf 4 Tassen (1000 ml) **Wasser** zum Kochen bringen. **Reis** einrühren und erneut zum Kochen bringen. Flamme niedrig stellen. Abdecken und 35 bis 40 Min. kochen, bis der Reis gar ist. Flamme abstellen.
3. **Kokosraspel**, frische **Kräuter**, gehackte **Petersilie** (etwas fürs Garnieren aufbewahren), **Ingwer**, **Sirup** und **Salz** einrühren.
4. Reismischung in einen Mixer geben, 2 Tassen (500 ml) **Wasser** zugeben und glatt pürieren. Zurück in den Topf gießen. Alternativ die Reismischung mit einem Pürierstab im Topf pürieren und danach 2 Tassen (480 ml) **Wasser** einrühren.
5. **Limettensaft** einrühren. Nach Geschmack nachsalzen.
6. In Schüsseln geben, mit etwas gehackten **Kräutern** garnieren und servieren.

Variationen:
Anderes Grünzeug: Rucola, Spinat, Mangold, Grün- oder Schwarzkohl verwenden.
Ganze Reiskörner: Grünzeug mit Kokosraspeln und 2 Tassen (480 ml) Wasser pürieren, in den Topf mit dem Reis geben und verrühren. Sirup, Limettensaft und Salz einrühren.

Veg Roti
mit Kartoffel-Möhre-Lauchzwiebel-Füllung

4 bis 6 Stück / Dauer 45 Min. +

Roti-Teig:

1 1/2 Tassen (200 g) Mehl
1/2 TL Salz
1/2 Tasse (120 ml) Wasser
2 EL Pflanzenöl

1. In einer Schüssel **Mehl** und **Salz** vermischen. **Wasser** und 1 EL **Öl** hinzufügen. Mit einer Gabel verrühren und mit den Händen 3 bis 5 Min. lang zu einem elastischen glatten Teig verkneten. Falls der Teig noch an den Händen klebt, mehr Mehl unterkneten. Ist der Teig zu trocken, etwas mehr **Wasser** unterkneten. 1 weiteren EL **Öl** zugeben und weitere 5 Min. kneten.
2. Teig in 4 bis 6 Kugeln formen. Kugeln leicht mit Öl einreiben, auf einen Teller legen und mit Plastikfolie abdecken. An einem warmen (nicht heißen) Ort 1 Stunde gehen lassen.

Gemüse-Füllung:

2/3 Tasse (80 g) Lauch, Frühlingszwiebeln oder **1 mittelgroße Zwiebel** fein gehackt
1 mittelgroße (80 g) Möhre geschält, geraspelt oder fein gehackt
1 große (140 g) Kartoffel geschält, geraspelt oder fein gehackt
1 EL Pflanzenöl
1/2 TL schwarze Senfsamen
1/2 TL Koriander gemahlen
1/2 TL schwarzer Pfeffer gemahlen
1/2 TL Chili- oder **Paprikapulver**
5–6 Curryblätter oder **1/2 TL Currypulver**
1/2 TL Kurkuma gemahlen
1/2 TL Meersalz
3–4 EL Wasser bei Bedarf mehr

1. In einem großen Topf oder einer Pfanne 1EL **Öl** auf mittlerer Flamme erhitzen. **Senfsamen** hineingeben. Nach deren Aufplatzen (nach etwa 20 bis 30 Sek.) gemahlenen **Koriander**, **schwarzen Pfeffer**, **Chili**- oder **Paprikapulver** und **Curryblätter** oder -**pulver** hineingeben.
2. **Lauch**, **Möhre**, **Kartoffel**, **Kurkuma** und **Salz** hinzufügen. Nach und nach Wasser zugeben. Halb abgedeckt unter regelmäßigem Rühren 7–10 Min. braten, bis das Gemüse weich ist. Vom Herd nehmen.
3. Teig abdecken. Teigkugeln nochmals durchkneten. Jeweils auf einer gefetteten Oberfläche flach drücken und in einen breiten, länglichen Streifen ausrollen oder beständig auseinanderziehen und dabei wenden. Der Teig sollte etwa dreimal so lang wie breit und etwa 3 mm dick sein. Falls die Teigkugeln zu fest sind und sich nicht leicht ausrollen lassen, etwas mehr **Öl** einkneten.
4. Etwa 3 EL der Füllung auf den äußeren Rand des Teigstreifens geben und dann immer wieder zu Dreiecken umschlagen, bis eine geschlossene dreieckige Tasche entsteht. Ränder fest andrücken. Auf einen leicht gefetteten Teller legen und restliche Rotis vorbereiten.
5. Eine große, am besten gusseiserne Pfanne auf mittlerer Flamme erhitzen. Gefüllte Roti-Taschen in die Pfanne legen und leicht herunterdrücken. Auf beiden Seiten 3 bis 5 Min. braten, bis braune Flecken entstehen. Rotis aufrecht hinstellen, gegeneinander lehnen und leicht nach unten drücken, um die schmaleren Seiten ebenfalls 2 bis 3 Min. lang braun zu braten. So lange wenden, bis alle Seiten gebraten wurden.
6. Alle Rotis fertig braten. Mit Chutney servieren oder einfach so essen.

Veg Kottu
Street Food Superstar

2 bis 3 Portionen / Dauer 45 Min. +

4 Paratha-Fladenbrote (S. 73)
1 Tasse (110 g) Lauch oder **Frühlingszwiebeln** gehackt
1 mittelgroße (100 g) Möhre geschält, geraspelt
2–3 EL Pflanzenöl
2 Knoblauchzehen fein gehackt
2 cm frischer Ingwer fein gehackt
1 rote oder **grüne Chilischote** entsamt, fein gehackt *wenn gewünscht*
4–6 Curryblätter oder **1/2 TL Currypulver** (S. 23)
1/2 TL Koriander gemahlen
1/2 TL schwarzer Pfeffer gemahlen
1/2 TL Chili- oder **Paprikapulver**
1/2 TL Meersalz
1 EL Sojasoße (Shoyu)
1 EL Zitronen- oder **Limettensaft**
2 TL Agavensirup oder **Zucker**
1 EL Wasser bei Bedarf mehr
Limettenspalten zum Garnieren

1. **Paratha** mit einem großen scharfen Messer in lange dünne Streifen schneiden. (Kottu wird traditionell eigentlich beim Braten mit einer Klinge zerhackt. Hier vereinfachen wir das Ganze und schneiden die Paratha schon vorher in Streifen.)
2. In einer kleinen Schüssel **Sojasoße**, **Zitronen**- oder **Limettensaft**, **Agavensirup** (oder **Zucker**) und 1 EL **Wasser** verquirlen.
3. In einer großen Pfanne oder einem Wok **Öl** auf mittlerer Flamme erhitzen. Gehackten **Lauch** (oder **Frühlingszwiebeln**), **Knoblauch**, **Ingwer**, **Chili** (falls verwendet), **Curryblätter** (oder **Currypulver**), **Koriander**, **schwarzen Pfeffer**, **Chili**- oder **Paprikapulver** und **Salz** hineingeben. 3 bis 5 Min. unter regelmäßigem Rühren anbraten, bis die Lauch- oder Zwiebelstückchen weich werden.
4. **Paratha-Streifen** und geraspelte **Möhren** zugeben und alles gut verrühren. Nach und nach den Sojasoßen-Mix einrühren und möglichst alle Paratha-Streifen damit überziehen. 7 bis 10 Min. unter ständigem Rühren braten. Bei Bedarf etwas mehr **Wasser** zugeben.
5. Mit **Limettenspalten** servieren.

Variationen:
Vedisch: Lauch oder Zwiebeln mit 1 Tasse (ca. 75 g) fein gehacktem Kohl ersetzen.
Mehr Farbe: 1/2 TL gemahlenes Kurkuma und 1/2 TL Paprikapulver hinzufügen.
Mehr Gemüse: Gehackten Brokkoli, halbierte Cherrytomaten, klein geschnittene Gemüsepaprika oder Pilze zusammen mit den geraspelten Möhren zugeben. Die Menge an Gewürzen, Salz, Sojasoße und Limettensaft auf Wunsch anpassen.

Veg Rolls
frittierte gefüllte Teigrollen

ca. 6 Rollen / Dauer 50 Min. +

Crêpeteig:

1 Tasse (120 g) Mehl
1 EL Kichererbsenmehl
1 EL Speisestärke
1 1/2 Tassen (360 ml) Soja- oder **Reismilch**
Pflanzenöl

1. In einer großen Schüssel **Mehl**, **Kichererbsenmehl** und **Speisestärke** vermischen. **Sojamilch** einrühren und alles zu einem glatten dünnen Teig verquirlen. Abdecken und 15 Min. ruhen lassen.
2. Eine am besten gusseiserne Pfanne auf mittlerer Flamme erhitzen. Einige Tropfen **Öl** in die Pfanne geben und mit einem Stück Küchenpapier verreiben. Das Einfetten vor jedem Crêpe wiederholen. Die Pfanne ist heiß genug, wenn ein Tropfen Wasser zischend auf der Oberfläche umherspringt.
3. 3–4 EL Teig in die heiße Pfanne gießen. 2 bis 3 Min. backen, bis auf der Oberseite Bläschen entstehen und die Unterseite goldbraun ist. Zuerst die Ränder anheben und dann den Crêpe vorsichtig mit einem Pfannenwender wenden. Zweite Seite 1 bis 2 Min. backen. Auf einen Teller legen und mit einem Geschirrtuch abdecken, damit die Crêpes nicht austrocknen. Restlichen Teig in Crêpes verwandeln.

Gemüsefüllung:

2 große Kartoffeln fein gehackt oder geraspelt
1 mittelgroße Möhre geschält, geraspelt
1 mittelgroße Zwiebel fein gehackt
oder **100 g Frühlingszwiebeln** fein gehackt
1 Knoblauchzehe fein gehackt
1 Chilischote gehackt oder **1/2 TL Chilipulver**
1 EL Öl
1/2 TL schwarzer Pfeffer gemahlen
1/4 TL Zimt gemahlen
4-6 Curryblätter oder **1/2 TL Currypulver**
1/4 TL Kurkuma gemahlen
1 TL Salz
1/3 Tasse (80 ml) Wasser bei Bedarf mehr

1. In einem großen Topf oder einer Pfanne **Öl** auf mittlerer Flamme erhitzen. **Kartoffeln**, **Möhre**, **Zwiebel** (oder **Lauch**), **Knoblauch**, **Chili** (falls verwendet), gemahlenen **schwarzen Pfeffer**, **Zimt**, **Curryblätter** (oder **Currypulver**), **Kurkuma** und **Salz** hineingeben. 3 bis 5 Min. unter ständigem Rühren anbraten, bis die Zwiebeln zu bräunen beginnen.
2. **Wasser** einrühren. Halb abgedeckt unter ständigem Rühren 9 bis 12 Min. garen, bis die Kartoffeln weich sind und das Wasser absorbiert ist. Vom Herd nehmen und abdecken.

Teig für die Außenhülle:

2 EL Mehl
1 EL Speisestärke
1/4 TL Kurkuma gemahlen
1/3 Tasse (80 ml) Sojamilch oder **Wasser**
1/2 Tasse (30 g) fein gemahlene Semmelbrösel
Pflanzenöl zum Braten

1. In einer großen Schüssel **Mehl**, **Speisestärke** und **Kurkuma** vermischen. Nach und nach Sojamilch (oder Wasser) einrühren und zu einem glatten Teig verquirlen. **Semmelbrösel** auf einen Teller streuen.
2. **Öl** 5 cm hoch in einen kleinen Topf gießen und auf mittlerer Flamme erhitzen. Das Öl ist heiß genug, wenn eine kleine Menge Teig nach dem Hineingeben schnell brutzelnd an die Oberfläche steigt.
3. 2 bis 3 EL der Füllung in die Mitte jedes Crêpes geben. Seiten umschlagen und Crêpe von unten nach oben aufrollen. Falls nötig die Ränder mit etwas Teig versiegeln. Gefüllte **Rolle** in den **Teig** tauchen und überschüssigen Teig abtropfen lassen. Danach in den **Semmelbröseln** rollen und damit überziehen. Panierte Rollen vorsichtig ins heiße Öl geben. Pro Durchgang 1 bis 2 Rollen frittieren. Topf nicht überladen, damit die Öltemperatur konstant bleibt. 3 bis 5 Min. unter gelegentlichem Wenden goldbraun frittieren.
4. Rollen mit einem Schaumlöffel aus dem Öl heben und abtropfen lassen. Auf einen mit Küchenpapier ausgelegten Teller legen, um überschüssiges Öl aufzusaugen. Restliche Rollen zubereiten.

Bonda
frittierte Kartoffelbällchen

ca. 12 Stück / Dauer 40 Min.

Kartoffelfüllung:

3–4 mittelgroße (400 g) Kartoffeln
1 EL Pflanzenöl
1/2 TL schwarze Senfsamen
1/2 TL Chili- oder **Paprikapulver**
1/2 TL Currypulver (S. 23)
6–8 Curryblätter
1 Prise Asafoetida (Hingpulver) *wenn gewünscht*
1/4 TL Kurkuma gemahlen
3/4 TL Meersalz
1/4–1/3 Tasse (60–80 ml) Wasser

Bonda-Teig:

1 Tasse (105 g) Kichererbsenmehl
1 EL Reismehl oder **Speisestärke**
1/4 TL Backpulver
1/4 TL Kurkuma
1/2 TL Salz
3/4 Tasse (180 ml) Wasser bei Bedarf mehr

Pflanzenöl zum Frittieren

1. **Kartoffeln** waschen. In einem Topf mehrere Tassen Wasser zum Kochen bringen. Kartoffeln ca. 20 Min. weich kochen. Abgießen und Kartoffeln mit kaltem Wasser abschrecken. Kartoffeln pellen und Schalen wegwerfen. Kartoffeln in eine Schüssel geben und zerstampfen.
2. In einer Schüssel **Kichererbsenmehl**, **Reismehl** (oder **Speisestärke**), **Backpulver**, **Kurkuma** und **Salz** vermischen. Nach und nach Wasser einrühren, bis ein glatter, etwas dicker Teig entsteht. Je nach Bedarf mehr **Wasser** oder mehr Kichererbsenmehl unterrühren. Abdecken und Teig 20 Min. ruhen lassen.
3. In einem großen Topf oder einer großen Pfanne 1 EL **Öl** auf mittlerer Flamme erhitzen. **Senfsamen** hineingeben. Nach deren Aufplatzen (nach etwa 20 bis 30 Sek.) **Chili**- oder **Paprikapulver**, **Currypulver**, **Curryblätter** und **Asafoetida** (falls verwendet) einrühren.
4. Zerstampfte **Kartoffeln**, **Kurkuma** und **Salz** zugeben und gut umrühren. Nach und nach **Wasser** einrühren und alles gut mit einem Pfannenwender zerdrücken und vermengen. 3 bis 5 Min. unter ständigem Rühren garen, bis das Wasser absorbiert ist und sich eine dicke Masse gebildet hat. Vom Herd nehmen und abkühlen lassen.
5. **Öl** 5 cm hoch in einen kleinen Topf gießen und auf mittlerer Flamme erhitzen. Das Öl ist heiß genug, wenn eine kleine Menge Teig nach dem Hineingeben schnell brutzelnd an die Oberfläche steigt.
6. Mit den Händen aus der Kartoffelfüllung walnussgroße Bällchen formen. In den Teig tauchen und gleichmäßig von allen Seiten damit überziehen. Vorsichtig ins heiße Öl geben. 4 bis 5 Bällchen gleichzeitig frittieren. Topf nicht überladen, damit die Temperatur konstant bleibt. Kartoffelbällchen 3 bis 5 Min. unter gelegentlichem Wenden gleichmäßig goldbraun frittieren.
7. Mit einem Schaumlöffel herausheben, abtropfen lassen und auf einen mit Küchenpapier ausgelegten Teller legen, um überschüssiges Öl aufzusaugen. Restliche Bällchen zubereiten.
8. Mit würzigem Ketchup (S. 43) oder dem eigenen Lieblingschutney servieren.

Variationen:
Eurofusion: Frischen gehackten Rosmarin, Thymian und/oder Salbei und sonnengetrocknete Tomaten unter die Füllung mischen. **Schön scharf:** 1 oder 2 fein gehackte rote oder grüne Chilischoten und 1 oder 2 Knoblauchzehen zusammen mit den Gewürzen für die Füllung anbraten.

Frühstücksbrot
warm aus dem Ofen

2 kleine Laibe / Dauer 60 Min. +

3 Tassen (375 g) Mehl (Type 550)
3 EL (45 g) Margarine (z.B. Alsan)
3/4 TL Meersalz
1 TL Trockenhefe
1 TL Zucker oder **Agavensirup**
1/2 Tasse (120 ml) warmes Wasser
1/3 Tasse (80 ml) Sojamilch oder **Wasser**
1 EL Sojamilch zum Bepinseln *wenn gewünscht*

1. In einer kleinen Schüssel **Hefe**, **Zucker** (oder **Agavensirup**) und warmes (nicht heißes) **Wasser** verquirlen. Abdecken und 10 Min. gehen lassen.
2. In einer großen Schüssel **Mehl** und **Salz** vermischen.
3. Mit den Händen die **Margarine** in das Mehl einkneten. Nach und nach den Hefemix und danach die **Sojamilch** (oder mehr **Wasser**) unterkneten. 5 bis 10 Min. durchkneten, bis ein glatter elastischer Teig entsteht. In zwei Hälften teilen. Abdecken und 1 Stunde an einem warmen (nicht heißen) Ort gehen lassen.
4. Ofen auf 200 °C / Stufe 6 vorheizen.
5. Mit der Hand die Luft aus beiden Teiglaiben drücken. Mit etwas Abstand zueinander in eine große Auflaufform geben und 30 bis 40 Min. backen, bis beide Laibe goldbraun sind. Auf Wunsch nach etwa 25 Min. aus dem Ofen nehmen, mit **Sojamilch** bepinseln und danach fertig backen.
6. Mit Seeni Sambol, Pol Sambol oder mit Margarine und Marmelade servieren.

Variationen:

Dunkles Brot: 1 Tasse (125 g) Mehl durch Vollkornmehl ersetzen.

Pol Roti
Fladenbrot mit Kokosraspeln

6 bis 8 Stück / Dauer 30 Min. +

2 Tassen (235 g) Mehl (Type 550)
1 1/2 Tassen (140 g) frisch geraspelte Kokosnuss
oder **1 Tasse (80 g) getrocknete Kokosraspel + 1/2 Tasse (120 ml) heißes Wasser**
1/4–1/3 Tasse (60–80 ml) Wasser
1 EL Zucker oder **Agavensirup**
3/4 TL Salz
1 EL Kokos- oder **Pflanzenöl**

1. Getrocknete **Kokosraspel** mit dem heißen **Wasser** verquirlen und 15 Min. quellen lassen.
2. **Alle Zutaten** vermischen und einige Male gut durchkneten. Nach und nach je nach Bedarf mehr **Wasser** unterkneten, bis ein glatter, fester, nicht mehr klebender Teig entsteht. Abdecken und 30 Min. ruhen lassen.
3. Teig in 6 bis 8 Kugeln teilen. Auf einer bemehlten Oberfläche jede Kugel etwa 1 cm dick rund ausrollen. Für eine besonders runde Form die Roti mit Hilfe einer kleinen Schüssel oder einem kleinen Teller kreisrund ausschneiden. Anfallende Reste zu einer weiteren Kugel und dann zu einem Roti formen.
4. Eine schwere, am besten gusseiserne Pfanne auf mittlerer Flamme erhitzen und mit etwas **Öl** einfetten.
5. Roti auf jeder Seite 2 bis 3 Min. braten, bis goldbraune Flecken entstehen. Bis zum Servieren in ein feuchtes Geschirrtuch einschlagen und beiseite stellen.

Variationen:
Süß: 3 EL Zucker und nur 1/4 TL Salz verwenden. Gehackte Datteln und/oder Nüsse unterkneten.
Scharf: Je 1/4 TL Kurkuma und Chilipulver sowie 1 entsamte, klein gehackte grüne Chili unterkneten.

Papadam
knusprige Linsen-Cracker

12 bis 15 Stück / Dauer 45 Min. +

1 Tasse (185 g) Urid Dal (geschälte schwarze Linsen)
1/2 TL Salz
1/2 TL schwarzer Pfeffer grob gemahlen
3–4 EL Wasser je nach Bedarf
Pflanzenöl zum Frittieren

1. **Urid Dal** mit einer Küchenmaschine oder dem Trockenaufsatz eines Hochleistungsmixers sehr fein mahlen.
2. Gemahlene **Urid Dal** in eine Schüssel geben und mit **Salz**, **Pfeffer** und 2 EL **Wasser** verrühren. Zunächst mit einer Gabel verrühren, dann nach und nach kleine Mengen **Wasser** zugeben und mit den Händen zu einem glatten, festen aber nicht klebrigen Teig verkneten.
3. Auf einer gefetteten Arbeitsfläche flachdrücken und mit einem gefetteten Nudelholz 1 mm dünn ausrollen. Mithilfe eines Messers und eines großen Glases oder einer Schüssel 7 bis 10 cm große Kreise ausschneiden. Restlichen Teig verkneten, wieder ausrollen und erneut ausschneiden.
4. Ausgeschnittene Kreise auf ein mit Backpapier ausgelegtes Backblech legen.
5. Ofen auf 135 °C / Stufe 1 vorheizen.
6. 20 Min. backen. Ofen abstellen und weitere 30+ Min. im Ofen trocknen lassen. Vollständig abkühlen lassen und in einem luftdichten Behälter aufbewahren, falls die Papadam nicht sofort frittiert werden.
7. **Öl** 1 cm hoch in eine kleine Pfanne gießen und auf mittlerer Flamme erhitzen.
8. Ein bis zwei Papadam auf einmal frittieren und dabei vorsichtig mit einer Schaumkelle oder Zange nach unten drücken, wenn sie beginnen, sich einzurollen. Wenn sie nicht sofort brutzeln, ist das Öl nicht heiß genug. Papadam etwa 20 bis 30 Sek. pro Seite goldbraun und knusprig frittieren (aber nicht verbrennen). Vorsichtig mit einer Schaumkelle aus dem Öl heben und abtropfen lassen. Auf einen mit Küchenpapier ausgelegten Teller legen, um überschüssiges Öl aufzusaugen.
9. Mit Reis und Currys oder Lieblingschutney servieren.

Variationen:

Super einfach: Die gesamte Mahl- und Teigherstellungsprozedur überspringen und einfach fertige Papadam aus dem Asialaden kaufen. Wie oben beschrieben frittieren.

Sambar
traditionelle Gemüse-Linsen-Suppe

4 Portionen / Dauer 45 Min. +

1/2 Tasse (95 g) Linsen (getrocknet, z. B. Chana Dal, Toor Dal oder Masoor Dal)
4 Tassen (1000 ml) Wasser
2 mittelgroße (120 g) Kartoffeln geschält, klein geschnitten
1 mittelgroße (100 g) Möhre geschält, klein geschnitten
1 kleine (100 g) Zucchini klein geschnitten
3 mittelgroße (300 g) Tomaten geviertelt
1 mittelgroße Zwiebel gehackt
1 cm Ingwer fein gehackt
1 rote oder **grüne Chilischote** fein gehackt *wenn gewünscht*

2 EL Öl
1 TL schwarze Senfsamen
2 TL Kreuzkümmel gemahlen
2 TL Koriander gemahlen
1/2 TL schwarzer Pfeffer gemahlen
1/2 TL Chili- oder **Paprikapulver**
1/2 TL Bockshornkleesamen gemahlen
5–6 Curryblätter
1 Lorbeerblatt
1/2 TL Kurkuma gemahlen
2 TL Tamarindenpaste + 1/4 Tasse (60 ml) Wasser
1 EL Limetten- oder **Zitronensaft**
1 TL Zucker
1 TL Salz
frisches Koriandergrün gehackt, zum Garnieren

1. **Linsen** spülen und abgießen. 3 Tassen **Wasser** in einem großen Topf zum Kochen bringen. **Linsen** und **Kurkuma** hineingeben. Topf fest verschließen und Linsen ca. 20 bis 30 Min. weich kochen.
2. In einer großen Pfanne 2 EL **Öl** auf mittlerer Flamme erhitzen. **Senfsamen** hinzufügen. Nach deren Aufplatzen (nach etwa 20 bis 30 Sek.) **Zwiebel**, **Ingwer**, **Kreuzkümmel**, **Koriander**, **schwarzen Pfeffer**, **Chili-** oder **Paprikapulver**, **Bockshornkleesamen**, **Lorbeerblatt** und **Kurkuma** zugeben. 3 Min. unter ständigem Rühren anbraten.
3. **Tamarindenpaste** mit 1/4 Tasse (60 ml) **Wasser**, **Limetten**- oder **Zitronensaft** und **Zucker** verquirlen. In die Pfanne mit den Zwiebeln und Gewürzen geben.
4. Klein geschnittene **Kartoffeln**, **Möhre**, **Zucchini** und **Tomaten** hinzufügen. Gut umrühren und halb abgedeckt unter gelegentlichem Rühren 8 bis 10 Min. auf mittlerer Flamme köcheln lassen. Nach Bedarf **Wasser** zugeben.
5. Gemüse und Gewürze in den Topf mit den Linsen geben. Gut umrühren und bei Bedarf **Wasser** zugießen. Auf niedriger Flamme weitere 10 bis 15 Min. köcheln.
6. Mit frischem gehackten **Koriandergrün** garnieren und servieren.

Variationen:
Vedisch: Zwiebel mit einer Prise Asafoetida (Hingpulver) ersetzen. **Anderes Gemüse:** Zusätzlich oder anstatt der o. g. Gemüsesorten Blumenkohl, Aubergine, Okraschoten, Süßkartoffeln o. Ä. verwenden.

Paratha
traditionelles Fladenbrot

4 bis 6 Stück / Dauer 30 Min. +

2 Tassen (260 g) Mehl (Type 550)
1/2 TL Salz
3/4 Tasse (180 ml) Wasser
3 EL Pflanzenöl

1. In einer großen Schüssel **Mehl** und **Salz** miteinander vermischen. 180 ml **Wasser** und 2 EL **Öl** mit einer Gabel einrühren. Mischung mit den Händen 3 bis 5 Min. zu einem glatten elastischen Teig verkneten.
2. 1 weiteren EL **Öl** zugeben und den Teig weitere 5 Min. kneten.
3. Teig in 4 bis 6 Kugeln formen. Teigkugeln mit etwas **Öl** überziehen und auf einen Teller legen. Teller mit Plastikfolie abdecken und Teigkugeln an einem warmen (nicht heißen) Ort 2 Stunden gehen lassen.
4. Eine am besten gusseiserne Pfanne auf mittlerer Flamme erhitzen. Jede Teigkugel kurz durchkneten und dann auf einer leicht gefetteten Oberfläche flachdrücken. Mit den Händen oder dem Nudelholz in etwa 6 mm dicke ovale oder runde Fladen drücken bzw. ausrollen. Jede Fladenseite mit etwas **Öl** einreiben.
5. Beide Seiten der Paratha-Fladen 3 bis 5 Min. in der Pfanne backen, bis tiefdunkle Punkte und Flecken entstehen. Fertige Parathas bis zum Servieren in ein sauberes Geschirrtuch einschlagen.

Tomatenreis
rot & lecker

3 bis 4 Portionen / Dauer 25 Min.

1 Tasse (185 g) Basmati-Reis
1 kleine Zwiebel fein gehackt
1 Knoblauchzehe fein gehackt
1 TL Pflanzenöl
1 TL schwarze Senfsamen
1/2 TL Koriander gemahlen
1/4 TL schwarzer Pfeffer
1/2 TL Kurkuma gemahlen
1 EL Tomatenmark
1 2/3 Tasse (400 ml) Wasser
1 TL Gemüsebrühe *wenn gewünscht*
3/4 TL Meersalz

1. **Reis** spülen und abgießen.
2. In einem kleinen Topf **Öl** auf mittlerer Flamme erhitzen.
3. **Senfsamen** hineingeben. Nach deren Aufplatzen (nach etwa 20 bis 30 Sek.) **Zwiebel**, **Knoblauch**, **Koriander** und **schwarzen Pfeffer** hineingeben. 2 Min. unter ständigem Rühren anbraten.
4. **Reis**, **Kurkuma** und **Tomatenmark** einrühren und 1 Min. braten.
5. **Wasser**, **Gemüsebrühpulver** (wenn verwendet) und **Salz** einrühren. Zum Kochen bringen. Flamme niedrig stellen, abdecken und 15 bis 20 Min. köcheln lassen.
6. Vom Herd nehmen. Reis mit einer Gabel lockern. Abdecken und 5 bis 10 Min. ziehen lassen, damit die restliche Flüssigkeit absorbiert wird.

Zitronenreis
gelb & würzig

3 bis 4 Portionen / Dauer 25 Min.

1 Tasse (185 g) Basmati-Reis
1 TL Pflanzenöl
1 TL schwarze Senfsamen
3 Kardamomkapseln *wenn gewünscht*
3 Nelken *wenn gewünscht*
1/2 TL Kurkuma gemahlen
1/2 TL Meersalz
1/2 TL Zitronenabrieb
1 EL Zitronensaft
1 2/3 Tasse (400 ml) Wasser

1. **Reis** gut spülen und abgießen.
2. In einem kleinen Topf **Öl** auf mittlerer Flamme erhitzen.
3. **Senfsamen** zugeben. Nach deren Aufplatzen (nach etwa 20 bis 30 Sek.) **Reis**, **Kardamom**, **Nelken**, **Kurkuma**, **Salz**, **Zitronenabrieb** und **-saft** zugeben. 1 Min. unter ständigem Rühren anbraten.
4. Während des Rührens **Wasser** zugießen. Zum Köcheln bringen. Flamme niedrig stellen und 15 bis 20 Min. köcheln lassen.
5. Vom Herd nehmen. Reis mit einer Gabel auflockern. Abdecken und 5 bis 10 Min. ziehen lassen, bis alle Flüssigkeit absorbiert ist.
6. Vor dem Servieren **Kardamomkapseln** und **Nelken** entfernen.

Nalli Silk
VIJAY SILK
JEEVAKANTHAN
Kanthijee Road,
Kokuvil
Jaffna.
Tel : 077453185

HAUPTGERICHTE & CURRYS

Jackfrucht-Curry
srilankische Spezialität

3 bis 4 Portionen / Dauer 30 Min.

2 1/2 Tassen (350 g) junge grüne Jackfrucht (ungesüßt!)
1 mittelgroße rote Zwiebel gehackt
2 Knoblauchzehen fein gehackt
1 grüne oder **rote Chilischote** entsamt, fein gehackt *wenn gewünscht*

2 EL Pflanzen- oder **Kokosöl**
1 TL Currypulver (S. 23)
1/2 TL Kreuzkümmel gemahlen
1/2 TL Koriander gemahlen
1/4 TL schwarzer Pfeffer gemahlen
1/2 TL Bockshornkleesamen gemahlen
1/2 TL Senfsamen gemahlen
1/2 TL Chili- oder **Paprikapulver**
3/4 TL Kurkuma gemahlen
2 kleine Stückchen Zimtrinde
6–8 Curryblätter
2 Lorbeerblätter oder **Pandanusblätter**
1 Tasse (240 ml) Kokosmilch
1/2 Tasse (120 ml) Wasser bei Bedarf mehr
1–2 EL Limetten- oder **Zitronensaft**
1 EL Agavensirup oder **Zucker**
3/4 TL Meersalz
frisches Koriandergrün gehackt, zum Garnieren

1. **Jackfrucht** aus der Dose abgießen und spülen. In Würfel oder Streifen schneiden.
2. In einem Topf **Öl** auf mittlerer Flamme erhitzen. **Zwiebel**, **Knoblauch**, **Chili** (wenn verwendet), **Currypulver**, **Kreuzkümmel**, **Koriander**, **schwarzen Pfeffer**, **Bockshornkleesamen**, **Senfsamen**, **Chili**- oder **Paprikapulver**, **Kurkuma**, **Zimt**, **Curry**- und **Pandanusblätter** (oder **Lorbeerblätter**) hineingeben. 3 bis 5 Min. unter Rühren anbraten, bis die Zwiebel weich wird.
3. **Jackfruchtstücke**, **Limetten**- oder **Zitronensaft**, **Agavensirup** (oder **Zucker**) und **Salz** zugeben und gut umrühren. Weitere 3 bis 5 Min. unter Rühren braten.
4. **Kokosmilch** zugießen und mehrere Male umrühren. Zum Kochen bringen. Flamme niedrig stellen und halb abgedeckt unter regelmäßigem Rühren 12 bis 15 Min. köcheln, bis die Jackfruchtstücke weich werden und beginnen zu zerfallen. Für ein dünneres Curry während des Kochens je nach Bedarf nach und nach **Wasser** (oder mehr **Kokosmilch**) einrühren.
5. Vor dem Servieren **Zimtrinde** und **Lorbeerblätter** entfernen.
6. Mit frisch gehacktem **Koriandergrün** garnieren und mit Reis servieren.

Variation:

Rot & Süß: 1 Tasse (75 g) gehackte Ananas und 1 gehackte Tomate zusammen mit der Jackfrucht zugeben. **Vedisch:** Zwiebeln und Knoblauch mit 1 Prise Asafoetida (Hingpulver) ersetzen.

Dal Curry
traditionelle Linsen-Suppe

4 bis 6 Portionen / Dauer 30 Min.

1 Tasse (185 g) rote oder **gelbe Linsen**
2 Tassen (480 ml) Wasser bei Bedarf mehr
1 TL Gemüsebrühpulver *wenn gewünscht*
1 kleine Zwiebel gehackt
1 Knoblauchzehe fein gehackt
1 cm frischer Ingwer fein gehackt
1 EL Kokos- oder **Pflanzenöl**
1 TL Kreuzkümmel gemahlen
1/2 TL Koriander gemahlen
1/4 TL schwarzer Pfeffer gemahlen
1/2 TL Currypulver (S. 23)
6–8 Curryblätter
2 Pandanusblätter oder **Lorbeerblätter**
1 TL Kurkuma gemahlen
1 Tasse (240 ml) Kokosmilch
1–2 EL Limetten- oder **Zitronensaft**
1 TL Meersalz

1. **Linsen** gut spülen und abtropfen lassen.
2. In einem mittelgroßen Topf 2 Tassen **Wasser** mit dem **Gemüsebrühpulver** (wenn gewünscht) verquirlen und zum Kochen bringen. **Linsen** einrühren und halb abgedeckt unter gelegentlichem Rühren 15 bis 20 Min. kochen, bis die Linsen weich sind.
3. In einem großen Topf **Öl** auf mittlerer Flamme erhitzen. **Zwiebel**, **Knoblauch**, **Ingwer**, **Kreuzkümmel**, **Koriander**, **schwarzen Pfeffer**, **Curryblätter**, **Currypulver** und **Pandanus**- oder **Lorbeerblätter** hineingeben. 2 bis 3 Min. unter ständigem Rühren anbraten.
4. **Kurkuma**, gekochte **Linsen** und **Kokosmilch** zugeben und einige Male umrühren. Zum Köcheln bringen. Flamme niedrig stellen. 10 bis 15 Min. köcheln, bis die gewünschte Konsistenz erreicht ist. Bei Bedarf nach und nach mehr **Wasser** einrühren.
5. Vom Herd nehmen. **Limetten**- oder **Zitronensaft** und **Salz** einrühren.
6. Je nach Vorliebe mit Snacks, Reis oder Brot servieren.

Leek Curry
aromatisches Lauch-Curry

3 bis 4 Portionen / Dauer 30 Min.

3–4 Tassen (300 g) Lauch gehackt
1 Knoblauchzehe fein gehackt
1 EL Kokos- oder **Pflanzenöl**
1 TL Currypulver (S. 23)
1/2 TL Kreuzkümmel gemahlen
1/2 TL Koriander gemahlen
1/4 TL schwarzer Pfeffer gemahlen
3/4 TL Kurkuma gemahlen
1 Lorbeerblatt
2 TL Limetten- oder **Zitronensaft**
1 TL Agavensirup oder **Zucker**
3/4 TL Meersalz
3/4 Tasse (180 ml) Kokosmilch
1/2–1 Tasse (120–240 ml) Wasser je nach Bedarf
frisches Koriandergrün gehackt, zum Garnieren

1. In einem mittelgroßen Topf **Öl** auf mittlerer Flamme erhitzen. Gehackten **Lauch**, **Knoblauch**, **Currypulver**, gemahlenen **Kreuzkümmel**, **Koriander**, **schwarzen Pfeffer**, **Kurkuma** und **Lorbeerblatt** hineingeben. 3 bis 5 Min. unter ständigem Rühren anbraten, bis der Lauch zu bräunen beginnt und weich wird.
2. **Limetten**- oder **Zitronensaft** und **Agavensirup** (oder **Zucker**) einrühren.
3. **Kokosmilch** unterrühren und zum Köcheln bringen. Flamme herunterstellen. Halb abgedeckt unter regelmäßigem Rühren 10 bis 12 Min. köcheln, bis der Lauch weich ist. Während des Köchelns je nach Wunsch mehr **Wasser** (oder **Kokosmilch**) und **Salz** einrühren.
4. Vor dem Servieren das **Lorbeerblatt** entfernen. Mit frischem gehackten **Koriandergrün** garnieren und mit Reis servieren.

Variationen:
Rot: Während der letzten 5 Kochminuten eine gehackte Tomate zugeben.

Ala Kiri Hodi
cremig-leichtes Kartoffel-Curry

3 bis 4 Portionen / Dauer 30 Min.

12–15 kleine (350 g) neue Kartoffeln geschält, gewürfelt
1 kleine rote Zwiebel gehackt oder **2–3 Frühlingszwiebeln** gehackt
1 Knoblauchzehe fein gehackt
1 grüne oder **rote Chilischote** entsamt, fein gehackt *wenn gewünscht*
1 EL Kokos- oder Pflanzenöl
1 TL Currypulver (S. 23)
1 TL Kreuzkümmel gemahlen
1 TL Koriander gemahlen
1 TL Senfsamen gemahlen
3/4 TL Kurkuma gemahlen
6–8 Curryblätter
2 Lorbeerblätter
1 Tasse (240 ml) Kokosmilch
1/2–1 Tasse (120–240 ml) Wasser je nach Bedarf
1 TL Meersalz
frisches Koriandergrün oder **Petersilie** gehackt, zum Garnieren

1. In einem mittelgroßen Topf **Öl** auf mittlerer bis hoher Flamme erhitzen. Gehackte **Zwiebel**, **Knoblauch**, **Chili** (wenn verwendet), **Currypulver**, gemahlenen **Kreuzkümmel**, **Koriander** und **Senfsamen** hineingeben. 2 bis 3 Min. unter ständigem Rühren anbraten, bis die Zwiebeln braun werden.
2. **Kartoffelwürfel**, **Kurkuma**, **Curry**- und **Lorbeerblätter** zugeben. Mehrere Male umrühren. 2 bis 3 Min. braten.
3. **Kokosmilch** zugießen und gut umrühren. Zum Köcheln bringen. Flamme herunterstellen. Halb abgedeckt unter regelmäßigem Rühren 10 bis 15 Min. köcheln lassen, bis die Kartoffeln fast weich sind. Während des Köchelns nach und nach je nach Wunsch **Wasser** und **Salz** einrühren.
4. Vor dem Anrichten die **Lorbeerblätter** entfernen. Mit frisch gehacktem **Koriandergrün** oder **Petersilie** garnieren und mit Reis servieren.

Variationen:

Vedisch: Zwiebeln und Knoblauch mit 1 Prise Asafoetida (Hingpulver) ersetzen oder einfach weglassen. **Rustikal:** Kartoffeln gut waschen und bürsten und mit Schale verwenden. **Süßkartoffeln:** Statt normalen Kartoffeln Süßkartoffeln ausprobieren.

Beetroot Curry
fruchtiges Rote-Bete-Curry

3 bis 4 Portionen / Dauer 30 Min.

4 mittelgroße (500 g) rote Bete geschält, gewürfelt
1 EL Kokos- oder **Pflanzenöl**
1/4 TL Koriander gemahlen
1/4 TL Senfsamen gemahlen
1/4 TL schwarzer Pfeffer gemahlen
2 kleine Stückchen Zimtrinde oder **1/4 TL Zimt** gemahlen
3–4 Curryblätter *wenn gewünscht*
1 Pandanusblatt gehackt oder **1 Lorbeerblatt**
1/2 Tasse (120 ml) Kokosmilch
1/4–1/2 Tasse (60–120 ml) Wasser je nach Bedarf
1 EL Limetten- oder **Zitronensaft**
1 TL Agavensirup oder **Zucker**
3/4 TL Meersalz

1. In einem großen Topf **Öl** auf mittlerer Flamme erhitzen. **Rote Bete**-Würfel, gemahlenen **Koriander**, **Senfsamen**, **schwarzen Pfeffer**, **Zimt**, **Curryblätter** (falls verwendet) und **Pandanus**- oder **Lorbeerblatt** hineingeben. 2 bis 3 Min. unter ständigem Rühren anbraten.
2. **Limetten**- oder **Zitronensaft** und **Agavensirup** (oder **Zucker**) hinzufügen. Mehrere Male umrühren.
3. **Kokosmilch** einrühren. Zum Köcheln bringen. Flamme herunterstellen. Halb abgedeckt unter regelmäßigem Rühren 12 bis 15 Min. köcheln lassen, bis die rote Bete weich ist. Während des Köchelns nach und nach je nach Vorliebe **Wasser** (oder mehr **Kokosmilch**) und **Salz** einrühren.
4. Mit Reis servieren.

Variationen:
Kräftiger: Vor dem Zugeben der roten Bete und Gewürze 1 fein gehackte gelbe Zwiebel und 1 fein gehackte Knoblauchzehe 2 bis 3 Min. anbraten.

Gowa Mallum
Weißkohl-Kokos-Curry

3 bis 4 Portionen / Dauer 30 Min.

1 kleiner Kopf (350 g) Weißkohl klein geschnitten
1 kleine rote Zwiebel gehackt
1 Knoblauchzehe fein gehackt
1 kleine rote oder **grüne Chilischote** entsamt, fein gehackt *wenn gewünscht*
1–2 EL Kokos- oder **Pflanzenöl**
1 TL schwarze Senfsamen
1/2 TL Currypulver (S. 23)
1 TL Kreuzkümmel gemahlen
1/2 TL Koriander gemahlen
1/4 TL schwarzer Pfeffer gemahlen
1 TL Kurkuma gemahlen
1–2 kleine Stückchen Zimtrinde oder **1 Prise gemahlener Zimt**
6–8 Curryblätter
1/2 Tasse (120 ml) Kokosmilch
2 EL Kokosraspel
1 EL Limetten- oder **Zitronensaft**
1 TL Agavensirup oder **Zucker**
3/4 TL Meersalz

1. In einem mittelgroßen Topf **Öl** auf mittlerer Flamme erhitzen. **Senfsamen** hineingeben. Nach deren Aufplatzen (nach etwa 20 bis 30 Sek.) **Zwiebel**, **Knoblauch**, **Chili** (wenn verwendet), **Currypulver**, gemahlenen **Kreuzkümmel**, **Koriander**, **schwarzen Pfeffer**, **Kurkuma**, **Zimt** und **Curryblätter** zugeben. 3 bis 5 Min. unter Rühren anbraten, bis die Zwiebel weich wird.
2. Klein geschnittenen **Weißkohl** und **Kokosraspel** einrühren. Halb abgedeckt unter regelmäßigem Rühren 2 bis 3 Min. garen.
3. **Kokosmilch**, **Limetten**- oder **Zitronensaft**, **Agavensirup** (oder **Zucker**) und **Salz** hinzufügen. Mehrere Male umrühren. Flamme niedrig stellen. Halb abgedeckt unter regelmäßigem Rühren 10 bis 15 Min. köcheln lassen, bis der Weißkohl zusammengefallen und weich ist. Für ein cremigeres Curry während des Köchelns nach und nach je nach Vorliebe mehr **Kokosmilch** unterrühren.
4. Vor dem Anrichten die Zimtrindenstückchen entfernen. Mit Reis servieren.

Variationen:
Rot & scharf: 1/2 TL Chili- oder scharfes Paprikapulver und 4 bis 6 halbierte Cherrytomaten zusammen mit dem Weißkohl zugeben. **Extra fein:** Weißkohl und Zwiebel sehr fein hacken. Kochzeit entsprechend anpassen. **Orange:** Gegen Ende der Kochzeit 1 geraspelte oder fein gehackte Möhre zusammen mit der Kokosmilch einrühren.

Rocket Curry
Rucola-Kokos-Pfanne

2 Portionen / Dauer 20 Min.

4 Tassen (125 g) frischer Rucola klein geschnitten
1/2 Tasse (45 g) frisch geraspelte Kokosnuss
oder **1/3 Tasse (30 g) getrocknete Kokosraspel**
6–8 Cherrytomaten halbiert
oder **1 mittelgroße (80 g) Tomate** gehackt
1 EL Pflanzen- oder **Kokosöl**
1/2 TL Senfsamen gemahlen
1/2 TL Currypulver (S. 23)
1/4 TL schwarzer Pfeffer gemahlen
1 EL Zitronensaft
1 TL Agavensirup oder **Zucker**
1/4–1/2 TL Meersalz

1. In einem großen Topf oder einer Pfanne **Öl** auf mittlerer Flamme erhitzen.
2. Gemahlene **Senfsamen**, **Currypulver** und **schwarzen Pfeffer** hineingeben. **Rucola** hinzufügen. 2 bis 3 Min. anbraten, bis der Rucola zu schrumpfen beginnt.
3. **Kokosraspel**, gehackte **Tomaten**, **Zitronensaft**, **Agavensirup** (oder **Zucker**) und **Salz** einrühren. Halb abgedeckt unter regelmäßigem Rühren 5 bis 7 Min. schmoren. Rucola nicht zerkochen.
4. Mit Reis oder Brot servieren.

Variationen:

Anderes Grünzeug: Statt Rucola frischen gehackten Spinat, Mangold, Grün- oder Schwarzkohl verwenden. Garzeit nach Bedarf anpassen.

Carrot Curry
schnelles Möhren-Curry

3 bis 4 Portionen / Dauer 30 Min.

4 große (450 g) Möhren geschält, gehackt oder in Scheiben oder Würfel geschnitten
1 mittelgroße Zwiebel gehackt
1 Knoblauchzehe fein gehackt
1 EL Kokos- oder **Pflanzenöl**
1/2 TL Currypulver (S. 23)
1/2 TL Kreuzkümmel gemahlen
1/2 TL Koriander gemahlen
1/4 TL schwarzer Pfeffer gemahlen
3/4 TL Kurkuma gemahlen
4–6 Curryblätter
1 Lorbeerblatt
1 Tasse (240 ml) Kokosmilch
1/2–1 Tasse (120–240 ml) Wasser je nach Bedarf
3/4 TL Meersalz
frisches Koriandergrün oder **Petersilie** gehackt, zum Garnieren

1. In einem mittelgroßen Topf **Öl** auf mittlerer Flamme erhitzen. Gehackte **Zwiebel** und **Knoblauch**, **Currypulver**, gemahlenen **Kreuzkümmel**, **Koriander**, **schwarzen Pfeffer**, **Kurkuma**, **Curryblätter** und **Lorbeerblatt** hineingeben. 3 bis 5 Min. unter ständigem Rühren anbraten, bis die Zwiebel weich wird.
2. **Möhrenstückchen** zugeben und mehrere Male umrühren. 1 bis 2 Min. braten.
3. **Kokosmilch** einrühren. Zum Köcheln bringen. Flamme herunterstellen. Halb abgedeckt unter regelmäßigem Rühren 8 bis 12 Min. köcheln lassen, bis die Möhren größtenteils weich sind. Während des Köchelns je nach Vorliebe **Wasser** (oder mehr **Kokosmilch**) und **Salz** einrühren.
4. Vor dem Anrichten das **Lorbeerblatt** entfernen. Mit frisch gehacktem **Koriandergrün** oder **Petersilie** garnieren. Mit Reis servieren.

Variationen:

Vedisch: Zwiebel und Knoblauch mit einer Prise Asafoetida (Hingpulver) ersetzen oder einfach weglassen. Möhren zusammen mit den Gewürzen zugeben.

Kaju Maluwa
Cashew-Curry

2 bis 3 Portionen / Dauer 35 Min. +

1 Tasse (125 g) Cashewkerne
1 Tasse (240 ml) Wasser
1 kleine Zwiebel gehackt
1 Knoblauchzehe fein gehackt
1 cm frischer Ingwer fein gehackt
1 grüne Chilischote entsamt, fein gehackt *wenn gewünscht*

1–2 EL Kokos- oder **Pflanzenöl**
1 TL schwarze Senfsamen
1/2 TL Kreuzkümmel gemahlen
1/2 TL Koriander gemahlen
1/2 TL schwarzer Pfeffer
1/2 TL Bockshornkleesamen gemahlen
1/2 TL Kurkuma gemahlen
2 kleine Stückchen Zimtrinde oder **1/4 TL Zimt** gemahlen
6–8 Curryblätter
1 Tasse (240 ml) Kokosmilch
1–2 EL Limetten- oder **Zitronensaft**
1 EL Agavensirup oder **Zucker**
3/4 TL Meersalz
frischer Dill oder **Koriandergrün** gehackt, zum Garnieren

1. In einem kleinen Topf Wasser zum Kochen bringen. **Cashewkerne** hineingeben und abgedeckt 30 Minuten weichen lassen. Abgießen und beiseite stellen.
2. In einem mittelgroßen Topf **Öl** auf mittlerer Flamme erhitzen. **Senfsamen** hineingeben. Nach deren Aufplatzen (nach etwa 20 bis 30 Sek.) gehackte **Zwiebel**, **Knoblauch**, **Ingwer**, **Chili**, gemahlenen **Kreuzkümmel**, **Koriander**, **schwarzen Pfeffer**, **Bockshornkleesamen**, **Kurkuma**, **Zimt** und **Curryblätter** einrühren. Unter ständigem Rühren 2 bis 3 Min. anbraten.
3. **Cashewkerne** zugeben und gut umrühren.
4. Nach und nach **Kokosmilch**, **Limetten**- oder **Zitronensaft**, **Agavensirup** (oder **Zucker**) und **Salz** einrühren. Zum Köcheln bringen. Flamme niedrig stellen und halb abgedeckt 12 bis 15 Min. köcheln lassen, bis die Cashewkerne weich sind und das Curry eingedickt ist. Ab und zu umrühren. Für ein dünneres Curry während des Kochens auf Wunsch mehr **Kokosmilch** oder **Wasser** unterrühren.
5. Mit gehacktem **Dill** oder **Koriandergrün** garnieren. Mit Reis servieren.

Variationen:
Tomatig: 8 bis 10 halbierte Cherrytomaten zusammen mit den Cashewkernen zugeben.
Vedisch: Zwiebeln und Knoblauch weglassen und eine Prise Asafoetida (Hingpulver) einrühren.

Amba Annasi
Mango-Ananas-Curry

3 bis 4 Portionen / Dauer 30 Min.

1 mittelgroße (200 g) halbreife Mango geschält, gewürfelt
1 1/2 Tassen (200 g) Ananas gewürfelt
1 Knoblauchzehe fein gehackt
2 cm frischer Ingwer fein gehackt

1–2 EL Kokos- oder **Pflanzenöl**
1 TL Currypulver (S. 23)
1 TL Kreuzkümmel gemahlen
1 TL Koriander gemahlen
1/2 TL Senfsamen gemahlen
1/2 TL Bockshornkleesamen gemahlen
1/2 TL schwarzer Pfeffer gemahlen
1/2 TL Chili- oder **Paprikapulver**
1–2 Stückchen Zimtrinde oder **1 Prise Zimt** gemahlen
1 TL Kurkuma gemahlen
6–8 Curryblätter
1 Pandanusblatt gehackt oder **1 Lorbeerblatt**
2 EL Limettensaft
1 1/2 Tassen (360 ml) Kokosmilch
1/2 Tasse (120 ml) Wasser bei Bedarf mehr
1 TL Meersalz

1. In einem mittelgroßen Topf **Öl** auf mittlerer Flamme erhitzen. Gehackten **Knoblauch**, **Ingwer**, **Currypulver**, gemahlenen **Kreuzkümmel**, **Koriander**, **Senfsamen**, **Bockshornkleesamen**, **schwarzen Pfeffer**, **Chili**- oder **Paprikapulver** und **Zimt** hineingeben. 1 bis 2 Min. unter ständigem Rühren anbraten.
2. **Mango**- und **Ananaswürfel**, **Kurkuma**, **Curryblätter**, **Pandanus-** (oder **Loorbeer**-) **Blatt** und **Limettensaft** zugeben.
3. **Kokosmilch** einrühren und zum Köcheln bringen. Flamme niedrig stellen. Halb abgedeckt und unter regelmäßigem Rühren 10 Min. köcheln lassen, bis die Fruchtwürfel weich sind. Während des Kochens je nach Vorliebe **Salz** und **Wasser** einrühren.
4. Mit Reis und Papadam servieren.

Variationen:
Kräftig und pikant: Eine kleine gehackte rote Zwiebel, eine weitere Knoblauchzehe und eine entsamte grüne oder rote Chili zusammen mit den Gewürzen zugeben. **Süßer:** 2 bis 3 TL Agavensirup oder Zucker zusammen mit dem Limettensaft hinzufügen.

Bandakka Thel Dala
Okra-Curry

3 bis 4 Portionen / Dauer 30 Min.

4 Tassen (275 g) frische Okraschoten
1 mittelgroße (90 g) Tomate gehackt
1 kleine Zwiebel gehackt
1 Knoblauchzehe fein gehackt

2 EL Kokos- oder **Pflanzenöl**
1/2 TL Kreuzkümmel gemahlen
1/2 TL Koriander gemahlen
1/2 TL schwarzer Pfeffer gemahlen
1/2 TL Senfsamen gemahlen
1/2 TL Bockshornkleesamen gemahlen
1/2 TL Chilipulver *wenn gewünscht*
1/2 TL Currypulver (S. 23)
4–6 Curryblätter
1/2 TL Kurkuma gemahlen
1 TL Limettensaft
1 TL Agavensirup oder **Zucker**
3/4 TL Meersalz
Limettenspalten zum Garnieren

1. **Okraschoten** waschen und trocken tupfen. Spitzen und Enden abschneiden und wegwerfen. Schoten schräg in gleich große Stücke schneiden.
2. In einer großen Pfanne oder einem großen Topf **Öl** auf mittlerer Flamme erhitzen. **Okraschoten**, **Zwiebel**, **Knoblauch**, gemahlenen **Kreuzkümmel**, **Koriander**, **schwarzen Pfeffer**, **Senfsamen**, **Bockshornkleesamen**, **Chilipulver** (wenn verwendet), **Currypulver**, **Curryblätter** und **Kurkuma** hineingeben. 5 Min. unter ständigem Rühren anbraten.
3. Gehackte **Tomate**, **Limettensaft**, **Agavensirup** (oder **Zucker**) und **Salz** einrühren. Flamme auf mittlere Stufe stellen und halb abgedeckt 5 bis 7 Min. unter gelegentlichem Rühren garen.
4. Mit **Limettenspalten** servieren.

Variationen:
Cremig: 1 Tasse (240 ml) Kokosmilch zusammen mit der Tomate unterrühren. Bei Bedarf nachsalzen.
Vedisch: Einfach Zwiebeln und Knoblauch weglassen.

Nivithi Maluwa
Spinat-Curry

2 bis 3 Portionen / Dauer 30 Min.

5–6 Tassen (200 g) frischer Spinat fein gehackt
1 mittelgroße (90 g) Tomate gehackt
1 kleine rote Zwiebel gehackt
1 Knoblauchzehe fein gehackt
1 cm frischer Ingwer fein gehackt
1 rote Chilischote entsamt, fein gehackt *wenn gewünscht*

1 EL Kokos- oder **Pflanzenöl**
1 TL schwarze Senfsamen
1/2 TL Kreuzkümmel gemahlen
1/2 TL Koriander gemahlen
1/4 TL Kurkuma gemahlen
4–5 Curryblätter oder **1/4 TL Currypulver** (S. 23)
1/2 Tasse (120 ml) Kokosmilch
1/2 TL Agavensirup oder **Zucker**
1/2 TL Salz
Limettenspalten zum Garnieren

1. In einem mittelgroßen Topf **Öl** auf mittlerer Flamme erhitzen. **Senfsamen** hineingeben. Nach deren Aufplatzen (nach etwa 20 bis 30 Sek.) gehackte **Zwiebel**, **Knoblauch**, **Ingwer**, **Chili** (falls verwendet), gemahlenen **Kreuzkümmel**, **Koriander**, **Kurkuma** und **Curryblätter** oder -**pulver** hineingeben. 3 bis 5 Min. unter ständigem Rühren anbraten, bis die Zwiebel weich wird.
2. Gehackten **Spinat** und **Tomaten** einrühren. Halb abgedeckt unter gelegentlichem Rühren 3 bis 5 Min. schmoren, bis der Spinat zusammenfällt und die Tomaten weich werden.
3. **Kokosmilch**, **Agavensirup** (oder **Zucker**) und **Salz** einrühren. Flamme herunterstellen. Halb abgedeckt 5 bis 7 Min. unter regelmäßigem Rühren köcheln lassen, bis der Spinat geschrumpft ist. Für ein cremigeres Curry während des Köchelns nach und nach mehr **Kokosmilch** einrühren.
4. Mit **Limettenspalten**, Reis und Papadam servieren.

Variationen:
Vedisch: Zwiebel und Knoblauch mit einer weiteren gehacken Tomate und 1 Prise Asafoetida (Hingpulver) ersetzen. Gewürze vor dem Zugeben des Spinats und der Tomaten nur 1 bis 2 Min. anbraten. **Aloo Palak:** Zusammen mit der Zwiebel und dem Knoblauch eine gehackte oder in Scheiben geschnittene Kartoffel zugeben. 5 bis 7 Min. braten und danach den Spinat und die Tomaten hinzufügen. Gewürze und Salz nach Bedarf anpassen.

Wattakka Dal
Kürbis-Linsen-Curry

4 Portionen / Dauer 40 Min.

3 Tassen (300 g) Kürbis gewürfelt
2/3 Tasse (120 g) rote Linsen
1 2/3 Tassen (400 ml) Wasser
1 mittelgroße Zwiebel gehackt
1 Knoblauchzehe fein gehackt
2 cm frischer Ingwer fein gehackt

1–2 EL Kokos- oder Pflanzenöl
1/2 TL Currypulver (S. 23)
1 TL Kreuzkümmel gemahlen
1/2 TL Koriander gemahlen
1/2 TL Senfsamen gemahlen
1/4 TL schwarzer Pfeffer gemahlen
3/4 TL Kurkuma gemahlen
5–8 Curryblätter
1 EL Limettensaft
2 TL Agavensirup oder **Zucker**
1 1/2 Tassen (360 ml) Kokosmilch
1/4–1/2 Tasse (60–120 ml) Wasser je nach Bedarf
1 TL Meersalz

1. **Linsen** spülen und abtropfen lassen.
2. In einem mittelgroßen Topf 400 ml **Wasser** zum Kochen bringen. Linsen hineingeben und erneut zum Kochen bringen. Flamme niedrig stellen. Halb abgedeckt 15 bis 20 Min. unter gelegentlichem Rühren kochen, bis die Linsen weich sind.
3. In einem großen Topf **Öl** auf mittlerer Flamme erhitzen. **Zwiebel**, **Knoblauch**, **Ingwer**, **Currypulver**, gemahlenen **Kreuzkümmel**, **Koriander**, **Senfsamen**, **schwarzen Pfeffer**, **Kurkuma**, und **Curryblätter** hineingeben. 3 bis 5 Min. unter ständigem Rühren anbraten, bis die Zwiebeln braun werden.
4. **Kürbiswürfel**, **Limettensaft** und **Agavensirup** (oder **Zucker**) zugeben.
2 bis 3 Min. unter ständigem Rühren kochen.
5. Gekochte **Linsen**, **Kokosmilch** und **Salz** einrühren. Zum Kochen bringen. Flamme niedrig stellen und 12 bis 16 Min. köcheln, bis der Kürbis weich und das Curry eingedickt ist. Für ein dünneres Curry während des Köchelns nach und nach mehr **Wasser** einrühren.
6. Mit Reis und Papadam servieren.

Soymeat Curry
Sojaschnetzel Jaffna-Style

3 bis 4 Portionen / Dauer 30 Min.

2 Tassen (125 g) mittelgroße Sojawürfel
1 2/3 Tassen (400 ml) Wasser
2 TL Gemüsebrühpulver *wenn gewünscht*
2 mittelgroße (150 g) Tomaten gehackt
1 mittelgroße Zwiebel gehackt
2 Knoblauchzehen fein gehackt
2 cm frischer Ingwer fein gehackt
1 rote Chilischote entsamt, fein gehackt
2 EL Kokos- oder **Pflanzenöl**
1/2 TL Currypulver (S. 23)
1 TL Kreuzkümmel gemahlen
1 TL Koriander gemahlen
1/2 TL Chili- oder **Paprikapulver**
1/2 TL schwarzer Pfeffer gemahlen
1/4 TL Fenchelsamen
1/2 TL Senfsamen gemahlen
1/2 TL Kurkuma gemahlen
6–8 Curryblätter
1 Pandanusblatt oder **1 Lorbeerblatt**
1 EL Tomatenmark
1 EL Sojasoße (Shoyu)
1 EL Limetten- oder **Zitronensaft** oder **2 TL Reisessig**
2 TL Agavensirup oder **Zucker**
3/4 TL Meersalz
1 Tasse (240 ml) Kokosmilch
Limettenspalten zum Garnieren

1. In einem mittelgroßen Topf 2 Tassen (480 ml) **Wasser** zum Kochen bringen. **Gemüsebrühpulver** einrühren (falls verwendet). **Sojawürfel** hineingeben. Flamme abstellen, Topf abdecken und Sojawürfel 10 Min. einweichen lassen. Sojawürfel abgießen und überschüssiges Wasser herauspressen.
2. In einem mittelgroßen Topf **Öl** auf mittlerer Flamme erhitzen. Gehackte **Zwiebel**, **Knoblauch**, **Ingwer**, **Chili** (falls verwendet), **Currypulver**, gemahlenen **Kreuzkümmel**, **Koriander**, **Chili**- oder **Paprikapulver**, **schwarzen Pfeffer**, **Fenchel**- und **Senfsamen**, **Kurkuma**, **Curryblätter** und **Pandanusblatt** hineingeben. 3 bis 5 Min. unter ständigem Rühren anbraten, bis die Zwiebel weich wird.
3. **Sojawürfel** in den Topf geben. 5 Min. unter Rühren braten. Gehackte **Tomaten**, **Tomatenmark**, **Sojasoße**, **Limetten**- oder **Zitronensaft** (oder **Essig**), **Agavensirup** (oder **Zucker**) und **Salz** einrühren. 5 bis 7 Min. unter regelmäßigem Rühren schmoren, bis die Sojawürfel braun werden und die Tomaten beginnen zu zerfallen.
4. Nach und nach **Kokosmilch** einrühren. Zum Köcheln bringen. Flamme herunterstellen. Halb abgedeckt 5 bis 7 weitere Min. schmoren. Flamme abstellen. Topf bis zum Servieren abdecken.
5. Mit Reis und **Limettenspalten** servieren.

Variationen:
Dünneres Curry: Gegen Ende 1/2 bis 1 Tasse (120–240 ml) Wasser zugeben, während das Curry noch köchelt. **Weniger Soße:** Nur 1/2 Tasse (120 ml) Kokosmilch und 1 Tomate verwenden.

Bonchi
Grüne-Bohnen-Curry

3 bis 4 Portionen / Dauer 30 Min.

3 Tassen (300 g) frische grüne Bohnen gehackt
1 mittelgroße Tomate gehackt
1 kleine rote Zwiebel gehackt
1 Knoblauchzehe fein gehackt
1 grüne Chilischote entsamt, fein gehackt *wenn gewünscht*

1 EL Kokos- oder **Pflanzenöl**
1/2 TL Currypulver (S. 23)
1/2 TL Kreuzkümmel gemahlen
1/2 TL Koriander gemahlen
1/4 TL schwarzer Pfeffer gemahlen
1/4 TL Senfsamen gemahlen
3/4 TL Kurkuma gemahlen
5–6 Curryblätter
1/4–1/2 Tasse (60–120 ml) Kokosmilch
1 EL Limetten- oder **Zitronensaft**
3/4 TL Meersalz

1. In einem mittelgroßen Topf **Öl** auf mittlerer Flamme erhitzen. Gehackte **Zwiebel**, **Knoblauch**, **Chili** (falls verwendet), **Currypulver**, gemahlenen **Kreuzkümmel**, **Koriander**, **schwarzen Pfeffer**, **Senfsamen**, **Kurkuma** und **Curryblätter** hineingeben. 2 bis 3 Min. unter ständigem Rühren anbraten, bis die Zwiebelstückchen weich und leicht gebräunt sind.
2. Grüne **Bohnen**, **Tomaten** und **Limetten**- oder **Zitronensaft** zugeben und mehrere Male umrühren. 5 bis 7 Minuten garen.
3. **Kokosmilch** und **Salz** einrühren und zum Köcheln bringen. Flamme herunterstellen. Halb abgedeckt unter ständigem Rühren 5 bis 10 Min. köcheln, bis das Gemüse größtenteils weich ist. Während des Köchelns nach und nach je nach Vorliebe mehr **Kokosmilch** (oder **Wasser**) einrühren.

Variationen:

Vedisch: Zwiebel und Knoblauch mit einer Prise Asafoetida (Hingpulver) ersetzen oder einfach weglassen. Bohnen und Tomaten zusammen mit den Gewürzen in den Topf geben. **Schön rot:** 2 EL Tomatenmark, 1/2 TL Paprikapulver und 2 TL Agavensirup oder Zucker mit den Gewürzen zugeben.

Kiri Hodi
dünnes gelbes Kokoscurry

3 bis 4 Portionen / Dauer 20 Min.

2–3 Schalotten oder **1 mittelgroße Zwiebel** fein gehackt
1–2 Knoblauchzehen fein gehackt
2 cm frischer Ingwer fein gehackt
1 rote oder **grüne Chilischote** entsamt, fein gehackt *wenn gewünscht*

1 EL Kokos- oder **Pflanzenöl**
1/2 TL Koriander gemahlen
6–8 Curryblätter oder **1 TL Currypulver** (S. 23)
1 Pandanusblatt gehackt oder **1 Lorbeerblatt**
1/2 TL Kurkuma gemahlen
1 1/2 Tassen (350 ml) Wasser
1 Tasse (240 ml) Kokosmilch
1 TL Zucker oder **Agavensirup**
2 TL Limetten- oder **Zitronensaft**
3/4 TL Meersalz

1. In einem großen Topf **Öl** auf mittlerer Flamme erhitzen. Gehackte **Schalotten** (oder **Zwiebel**), **Knoblauch**, **Ingwer**, **Chili** (falls verwendet), gemahlenen **Koriander**, **Curryblätter** und/oder **-pulver** und **Pandanus**- oder **Lorbeerblatt** hineingeben. 3 bis 5 Min. unter ständigem Rühren anbraten, bis die Schalotten (oder Zwiebel) weich und gebräunt sind.
2. **Kurkuma** und **Wasser** hinzufügen. Unter ständigem Rühren zum Kochen bringen.
3. Nach und nach **Kokosmilch**, **Zucker**, **Limetten**- oder **Zitronensaft** und **Salz** einrühren. Erneut zum Köcheln bringen. Flamme niedrig stellen. 7 bis 10 Min. unter ständigem Rühren köcheln lassen, damit sich die Flüssigkeiten nicht trennen. Flamme abstellen und Curry bis zum Servieren abgedeckt ziehen lassen.
4. Mit Reis und Papadam servieren.

Variationen:
Vedisch: Zwiebeln und Knoblauch mit 1 gehackten Stange Sellerie und/oder 1/2 Tasse (ca. 90 g) gehackter Fenchelknolle ersetzen. Eine Prise Asafoetida (Hingpulver) hinzufügen.

Süßsaures Brinjal
exotische Auberginenpfanne

3 bis 4 Portionen / Dauer 30 Min.

2 mittelgroße (450 g) Auberginen gehackt
1 mittelgroße (100 g) Tomate gehackt
oder **10–12 Cherrytomaten** halbiert
1 mittelgroße Zwiebel gehackt
2 Knoblauchzehen fein gehackt
2 cm frischer Ingwer fein gehackt
2 EL Kokos- oder **Pflanzenöl**
1 TL schwarzer Pfeffer gemahlen
1 TL Senfsamen gemahlen
1/2 TL Kurkuma gemahlen
1–2 EL Limetten- oder **Zitronensaft**
2–3 EL Agavensirup oder **Zucker**
3/4 TL Meersalz
Limettenspalten zum Garnieren

1. In einer großen Pfanne oder einem Wok **Öl** auf mittlerer Flamme erhitzen.
2. **Zwiebel**, **Knoblauch**, **Ingwer**, **schwarzen Pfeffer**, **Senfsamen** und **Kurkuma** hineingeben. 3 bis 5 Min. anbraten, bis die Zwiebeln weich werden und beginnen zu bräunen.
3. **Aubergine** hinzufügen. Flamme auf mittlere Stufe stellen. Halb abgedeckt unter regelmäßigem Rühren 5 bis 7 Min. braten, bis die Aubergine weich wird.
4. **Tomaten** zugeben. 3 bis 5 weitere Minuten braten, bis die Tomaten zerfallen.
5. **Limetten**- oder **Zitronensaft**, **Agavensirup** (oder **Zucker**) und **Salz** einrühren. Einige Male umrühren, um das Gemüse damit zu überziehen. Unter gelegentlichem Umrühren 5 bis 10 weitere Minuten garen, bis die erwünschte Konsistenz erreicht ist.
6. Mit **Limettenspalten** garnieren. Mit Reis oder Fladenbrot servieren.

Variationen:
Scharf: 1 fein gehackte rote oder grüne Chilischote oder 1 TL rote Chiliflocken, 1/2 TL gemahlenen Koriander und 1/2 TL Paprikapulver hinzufügen. **Vedisch süßsauer:** Zwiebel und Knoblauch mit 1 Tasse (120 g) gehackter Ananas und 1 Prise Asafoetida (Hingpulver) ersetzen. **Anderes Gemüse:** 1 gehackte rote oder grüne Paprika und/oder 1 Tasse (75 g) klein geschnittenen Kohl zugeben. Bei Bedarf mehr Salz und Gewürze verwenden.

Veg Fried Noodles
mit Lunu Miris

2 bis 3 Portionen / Dauer 35 Min.

200 g Nudeln (dünne Weizen- oder Reisnudeln)
1 große (120 g) Möhre geschält, klein geschnitten
1 Tasse (75 g) Kohl klein geschnitten
1/2 Tasse (25 g) Frühlingszwiebeln gehackt
2 Knoblauchzehen fein gehackt
2 cm frischer Ingwer fein gehackt

2 EL Pflanzenöl
1/2 TL Koriander gemahlen
1/2 TL schwarzer Pfeffer gemahlen
1/2 TL Chili- oder **Paprikapulver**
2 EL Limetten- oder **Zitronensaft** oder **1 EL Reisessig**
1–2 EL Sojasoße (Shoyu)
1 EL Agavensirup oder **Zucker**
1/2 TL Meersalz
Limettenspalten zum Garnieren

1. **Nudeln** gemäß Packungsanweisung kochen. Abgießen und ggf. klein schneiden.
2. In einer großen Pfanne oder einem Wok **Öl** auf mittlerer Flamme erhitzen.
3. **Frühlingszwiebeln**, **Knoblauch**, **Ingwer**, **Koriander**, **schwarzen Pfeffer** und **Chili**- oder **Paprikapulver** hineingeben. 2 bis 3 Min. unter ständigem Rühren anbraten.
4. **Möhre** und **Kohl** zugeben. 3 bis 5 Min. unter Rühren garen.
5. Gekochte **Nudeln** einrühren. 2 bis 3 Min. unter ständigem Rühren braten.
6. **Limetten**- oder **Zitronensaft** (oder **Reisessig**), **Sojasoße**, **Agavensirup** (oder **Zucker**) und **Salz** unterrühren. 3 bis 5 weitere Min. braten, bis das Gemüse weich ist und die Nudeln leicht gebräunt sind.
7. Mit **Limettenspalten** und Lunu Miris (S. 43) servieren.

Variationen:
Extras: 1 EL Tomatenmark, 1 mittelgroße gehackte Tomate, 4 bis 6 Curryblätter und 1/2 TL gemahlenes Kurkuma hinzufügen. **Vedisch süßsauer:** Zwiebeln und Knoblauch mit gehackter Ananas ersetzen.

Veg Fried Rice
schnelle Reis-Gemüse-Pfanne

2 bis 3 Portionen / Dauer 35 Min.

1 Tasse (185 g) Jasmin- oder **Basmati-Rundkornreis**
1 2/3 Tassen (400 ml) Wasser
1/2 TL Salz
1 mittelgroße (90 g) Möhre geschält, klein geschnitten
1 Tasse (60 g) Frühlingszwiebeln gehackt, getrennt in weiße und grüne Ringe
1 Knoblauchzehe fein gehackt
2 cm frischer Ingwer fein gehackt

2 EL Pflanzenöl
1/2 TL Koriander gemahlen
1/2 TL Chili- oder **Paprikapulver**
1/2 TL schwarzer Pfeffer gemahlen
2 EL Limettensaft
1–2 EL Sojasoße (Shoyu)
1 EL Agavensirup oder **Zucker**
1/4 TL Meersalz
Limettenspalten zum Garnieren

1. **Reis** spülen und abgießen. In einem kleinen Topf 400 ml **Wasser** zum Kochen bringen. **Reis** und **Salz** einrühren und erneut zum Köcheln bringen. Flamme niedrig stellen. Abdecken und 18 bis 20 Min. kochen. Vom Herd nehmen und mit einer Gabel auflockern. Abdecken und 15 Min. ziehen lassen.
2. In einer großen Pfanne, einem großen Topf oder Wok **Öl** auf mittlerer Flamme erhitzen. Gehackte weiße Enden der **Frühlingszwiebeln**, **Knoblauch**, **Ingwer**, **schwarzen Pfeffer** und **Koriander** und **Chili**- oder **Paprikapulver** hineingeben. 3 bis 5 Min. anbraten, bis die Zwiebelstücke weich werden.
3. **Möhrenstücke** einrühren. Halb abgedeckt unter regelmäßigem Rühren 3 bis 5 Min. braten.
4. Gekochten **Reis** und grüne **Frühlingszwiebelringe** unterrühren.
5. **Limettensaft**, **Sojasoße**, **Agavensirup** (oder **Zucker**) und **Salz** einrühren. Flamme auf mittlere Stufe stellen. Halb abgedeckt unter regelmäßigem Rühren weitere 5 bis 7 Min. braten, bis die Flüssigkeit absorbiert und das Gemüse weich, aber bissfest ist.
6. Vom Herd nehmen und bis zum Servieren abdecken.
7. Mit **Limettenspalten** und Lunu Miris (S. 43) servieren.

Variationen:
Indische Note: 6 bis 8 Curryblätter, 1/2 TL gemahlenen Kreuzkümmel, 1/2 TL Garam Masala und 1/2 TL Kurkuma zusammen mit den anderen Gewürzen zugeben. **Vedisch:** Frühlingszwiebeln und Knoblauch mit 1 Tasse (75 g) fein gehacktem Kohl ersetzen und zusammen mit den Möhren zugeben.

Gobi Cashew Korma
Blumenkohl in cremiger Curry-Soße

3 bis 4 Portionen / Dauer 35 Min. +

1/2 Kopf (500 g) Blumenkohl in Röschen geschnitten
1 mittelgroße rote Zwiebel gehackt
1 Knoblauchzehe fein gehackt
1/2 Tasse (65 g) Cashewkerne
2 kleine (100 g) Tomaten gehackt
2 cm frischer Ingwer fein gehackt
40 g Kokosraspel
2 EL Zitronensaft
1 1/2 El Agavensirup oder **Zucker**
2 Tassen (480 ml) Wasser

2 EL Kokosöl oder **Pflanzenöl**
1/2 TL Currypulver (S. 23)
1/2 TL Chili- oder **Paprikapulver**
1 TL schwarzer Pfeffer gemahlen
5–6 Curryblätter
3/4 TL Kurkuma gemahlen
1 TL Meersalz
1 EL Cashewkerne leicht geröstet, gehackt, zum Garnieren

1. **Cashewkerne** 6 Stunden oder über Nacht einweichen. Abgießen und Einweichwasser wegschütten.
2. In einem Mixer oder einer Küchenmaschine eingeweichte **Cashewkerne**, gehackte **Tomaten**, **Ingwer**, **Kokosraspel**, **Zitronensaft**, **Agavensirup** (oder **Zucker**) mit 2 Tassen (480 ml) **Wasser** pürieren. Zuerst einige Male grob häckseln, dann nach und nach Wasser zugeben und auf immer höherer Stufe glatt pürieren.
3. **Öl** in einem großen Topf oder einer großen Pfanne auf mittlerer Flamme erhitzen. Gehackte **Zwiebel**, **Knoblauch**, **Currypulver**, **Chili**- oder **Paprikapulver**, **schwarzen Pfeffer** und **Curryblätter** hineingeben. Gut umrühren und 2 bis 3 Min. anbraten, bis die Zwiebel weich wird.
4. Cashew-Tomaten-Püree in den Topf geben. Zum Köcheln bringen und Flamme herunterstellen. 5 bis 7 Min. köcheln lassen, bis die Soße eindickt und dunkler wird.
5. **Blumenkohlröschen** und **Kurkuma** hinzufügen. Gut umrühren. Halb abgedeckt weitere 10 bis 15 Min. unter gelegentlichem Rühren köcheln, bis das Gemüse weich ist und die Soße einen kräftigen Rotton hat. **Salz** einrühren, vom Herd nehmen und bis zum Servieren abgedeckt ziehen lassen.
6. Mit leicht gerösteten **Cashewstückchen** garnieren und mit Reis servieren.

Variationen:
Fruchtig: Eine Handvoll Rosinen oder gehackte Datteln zusammen mit dem Blumenkohl zugeben.
Grün: Statt oder zusammen mit dem Blumenkohl Brokkoli oder Zucchini verwenden.

Teuflischer Seitan
scharfes Geschnetzeltes

2 bis 3 Portionen / Dauer 30 Min.

200 g Seitan gehackt oder in dünne Streifen geschnitten
1 mittelgroße (90 g) Tomate oder **7–8 Cherrytomaten** halbiert
1 Tasse (80 g) rote Paprika gehackt
1 1/2 Tassen (125 g) Lauch gehackt
1 mittelgroße (100 g) rote Zwiebel gehackt
2 Knoblauchzehen fein gehackt
3 cm frischer Ingwer fein gehackt
1 rote Chilischote entsamt, fein gehackt *wenn gewünscht*

2 EL Tomatenmark
2 EL Limetten- oder **Zitronensaft** oder **1 EL Reisessig**
2 EL Agavensirup oder **Zucker**
1 TL Speisestärke
3/4 TL Meersalz

3 EL Pflanzenöl
1/2 TL schwarzer Pfeffer gemahlen
1/2 TL Koriander gemahlen
1 TL Chili- oder **Paprikapulver**
6–8 Curryblätter
frisches Koriandergrün oder **Petersilie** gehackt, zum Garnieren
Limettenspalten zum Garnieren

1. In einer kleinen Schüssel **Tomatenmark**, **Limetten**- oder **Zitronensaft** (oder **Reisessig**), **Agavensirup** (oder **Zucker**), **Speisestärke** und **Salz** verquirlen.
2. **Öl** in einer großen Pfanne oder einem Topf auf mittlerer Flamme erhitzen. Gehackten **Lauch**, **Zwiebel**, **Knoblauch**, **Ingwer**, rote **Chili** (falls verwendet), gemahlenen **schwarzen Pfeffer**, **Koriander**, **Chili**- oder **Paprikapulver** und **Curryblätter** hineingeben. Unter ständigem Rühren 3 bis 5 Min. rühren, bis Lauch und Zwiebel zu bräunen beginnen und weich werden.
3. **Seitanstücke** zugeben und gut umrühren. 2 Min. unter ständigem Rühren braten. Gehackte **Tomaten** und **Paprika** einrühren. Weitere 3 bis 5 Min. braten, bis die Tomaten zerfallen und die Paprika weich wird.
4. Nach und nach die Tomatenmarkmischung einrühren. Flamme herunterstellen. 7 bis 10 Min. unter regelmäßigem Rühren schmoren, bis die Soße eindickt und die Paprikastückchen weich, aber nicht zerkocht sind. Vom Herd nehmen und bis zum Servieren abgedeckt ziehen lassen.
5. Mit frischem gehackten **Koriandergrün** oder **Petersilie** garnieren. Mit **Limettenspalten** und Reis oder Brot servieren.

Variationen:
Ohne Seitan: Stattdessen Tofu- oder Pilzstückchen ausprobieren. **Vedisch**: Knoblauch weglassen. Lauch und Zwiebel mit gehackter Ananas und/oder Kohl ersetzen. **Teuflisch orangig:** 1/4 Tasse (60 ml) Orangensaft, 2 TL Orangenabrieb, 2 EL Sojasoße und 2 TL Speisestärke mit dem Tomatenmarkmix verquirlen. Eventuell etwas weniger Salz verwenden.

Chilli Paratha
pikante pfannengerührte Fladenbrotstreifen

2 Portionen / Dauer 30 Min.

4 Paratha-Fladenbrote (S. 73)
6–8 (100 g) Cherrytomaten geviertelt

1 EL Tomatenmark
1 EL Sojasoße (Shoyu)
1 EL Zitronensaft
2 EL Wasser
1 EL Agavensirup oder **Zucker**
1 TL Speisestärke
1/2 TL Meersalz

2 EL Pflanzenöl
2 kleine Zwiebeln gehackt
2 Knoblauchzehen fein gehackt
1 cm frischer Ingwer fein gehackt
1/4 TL schwarzer Pfeffer gemahlen
1/2 TL Kreuzkümmel gemahlen
1/2 TL Koriander gemahlen
1/2 TL Chili- oder **Paprikapulver**
1/4 TL Kurkuma gemahlen
Limettenspalten zum Garnieren

1. **Paratha**-Fladen in daumendicke Streifen schneiden.
2. In einer kleinen Schüssel **Tomatenmark**, **Sojasoße**, **Zitronensaft**, **Wasser**, **Agavensirup** (oder **Zucker**), **Speisestärke** und **Salz** verquirlen.
3. In einer großen Pfanne oder einem Topf **Öl** auf mittlerer Flamme erhitzen. Gehackte **Zwiebeln**, **Knoblauch**, **Ingwer**, gemahlenen **schwarzen Pfeffer**, **Kreuzkümmel**, **Koriander**, **Chili**- oder **Paprikapulver** und **Kurkuma** hineingeben. 4 bis 5 Min. unter ständigem Rühren anbraten, bis die Zwiebeln weich werden und zu bräunen beginnen.
4. **Parathastreifen** hinzugeben und gut umrühren. 2 Min. unter regelmäßigem Rühren braten. Gehackte **Tomaten** einrühren und weitere 1 bis 2 Min. braten.
5. Langsam die Tomatenmark-Mischung einrühren und alle Paratha-Stücke damit überziehen. Unter häufigem Rühren 7 bis 10 Min. weiterbraten, bis die Soße eindickt. Bei Bedarf etwas mehr **Wasser** oder **Sojasoße** zugeben. Vom Herd nehmen und bis zum Servieren abdecken.
6. Mit **Limettenspalten** und Reis servieren.

Variationen:
Fruchtig: Gehackte Ananas oder knackige Apfelscheibchen zusammen mit den Tomaten zugeben.
Mehr Farbe: Gehackte grüne, rote und/oder gelbe Paprika zusammen mit den Tomaten zugeben.
Schnell: Dünne Pitabrote aus dem Laden, indisches Naan, Chapati o. Ä. verwenden.

Masala Mushroom Dosa
südindischer Crêpe mit würziger Pilzfüllung

2 bis 3 Portionen / Dauer 40 Min. +

Crêpe-Teig:

1 Tasse (175 g) Basmati-Reis (ungekocht)
1/4 Tasse (40 g) Urid Dal (Linsen)
Wasser nach Bedarf
1/4 TL Salz
Pflanzenöl

1. **Reis** und **Linsen** in separaten Schüsseln 6 bis 8 Stunden einweichen. Spülen und abgießen.
2. Mit so wenig **Wasser** wie möglich zuerst den **Reis** und dann die **Linsen** in einer Küchenmaschine oder einem Mixer zu glatten Pasten pürieren. Beide Pasten in eine Schüssel geben und gut verrühren. Abdecken und über Nacht an einem warmen Ort fermentieren lassen.
3. **Salz** hinzufügen. Bei Bedarf etwas mehr Wasser unterrühren, um einen dünnen, gießbaren Teig zu erhalten.
4. Eine am besten gusseiserne Pfanne auf mittlerer Flamme erhitzen. Einige Tropfen **Öl** in die Pfanne geben und mit einem Stück Küchenpapier verreiben. Kochspray eignet sich ebenfalls. Vor dem Backen jedes Dosa-Crêpes wiederholen. Wenn ein Tropfen Wasser zischend auf der Pfannenoberfläche tanzt, ist sie heiß genug.
5. Mit einer Kelle etwa 1/4 bis 1/3 Tasse (60 bis 80 ml) Teig in die Pfannenmitte gießen. Nach einigen Sekunden den Dosateig mit der Kellenunterseite in spiralförmigen Bewegungen verteilen.
6. Wenn sich nach etwa 2 bis 3 Min. auf der Dosa-Oberfläche Blasen bilden und die Unterseite goldbraun ist, den Crêpe vorsichtig mit einem Pfannenwender wenden. Weitere 1 bis 2 Min. backen. Dosa zum Warmhalten auf einen warmen Teller, eine weitere Pfanne auf niedrigster Flamme oder auf ein Backblech im Ofen legen. Restliche Dosas zubereiten. Es braucht anfangs etwas Übung: Timing, Temperatur und die Teigkonsistenz müssen stimmen.

Würzige Pilzefüllung:

200 g Pilze in dünne Scheiben geschnitten
1 mittelgroße Paprika (120 g) klein gehackt
1/2 Tasse (65 g) Cashewkerne
3 kleine (120 g) Tomaten gehackt
3 cm frischer Ingwer gehackt
3 EL Sojasoße (Shoyu)
2 EL Zitronensaft
2 EL Zucker oder **Agavensirup**
1/2 Tasse (120 ml) Wasser
1 kleine (80 g) Zwiebel gehackt
2 Knoblauchzehen fein gehackt
2–3 EL Pflanzenöl
1 TL schwarze Senfsamen
1 TL Kreuzkümmel gemahlen
1 TL Koriander gemahlen
1 TL Garam Masala *wenn gewünscht*
3/4 TL schwarzer Pfeffer
4–6 Curryblätter

1. **Cashewkerne** 4 bis 6 Stunden im Wasser einweichen. Abgießen und beiseite stellen.
2. Cashewkerne, **Tomaten**, **Ingwer**, **Sojasoße**, **Zitronensaft**, **Zucker** (oder **Agavensirup**) und 1/2 Tasse (120 ml) **Wasser** in einem Mixer oder einer Küchenmaschine pürieren.
3. In einer mittelgroßen Pfanne **Öl** auf mittlerer Flamme erhitzen. **Senfsamen** hineingeben. Nach deren Aufplatzen (etwa 20 bis 30 Sek.) **Zwiebel**, **Knoblauch**, **Kreuzkümmel**, **Koriander**, **Garam Masala**, **schwarzen Pfeffer** und **Curryblätter** hinzufügen. 2 bis 3 Min. unter ständigem Rühren braten.
4. **Cashew-Tomaten-Mix** einrühren. Zum Köcheln bringen. Flamme niedrig stellen. 7 bis 10 Min. weiter köcheln, bis die Soße dunkel wird und eindickt.
5. **Pilzscheiben** und **Paprikastückchen** zugeben. Gut umrühren und erneut zum Köcheln bringen. 5 bis 7 Min. halb abgedeckt köcheln lassen. Vom Herd nehmen. Abdecken, bis die Dosa-Crêpes fertig sind.
6. Je 3 bis 4 EL der Masala-Pilzfüllung in die Mitte jedes Dosa-Crêpe geben. Erst die rechte, dann die linke Seite umschlagen. Gefüllte Dosas in einer heißen Pfanne 2 bis 3 Min. von jeder Seite anbraten. Mit Limettenspalten und den eigenen Lieblingschutneys servieren.

SWEETS

Watalappam
traditioneller Kokospudding

4 bis 6 Portionen / Dauer 40 Min. +

1 1/2 Tasse (360 ml) Kokosmilch
1/4 Tasse (50 g) Zucker
1 EL Speisestärke
1 TL Agar-Agar-Pulver oder **2 TL Agar-Agar-Flocken**
1/4 Tasse (60 ml) Wasser
1/2 TL Vanillemark oder **1 TL Vanillezucker**
1/2 TL Zimt gemahlen
1/2 TL Muskat gemahlen
1/4 TL (ca. 6 Kapseln) Kardamom gemahlen
1/8 TL (ca. 5 Stück) Nelken gemahlen
2 EL Cashewkerne leicht geröstet, gehackt
Kokosblütensirup oder **Agavensirup**

1. In einem mittelgroßen Topf **Kokosmilch** auf mittlerer Flamme zum Kochen bringen. **Zucker** einrühren.
2. In einer kleinen Schüssel **Speisestärke** und **Agar Agar** mit 1/4 Tasse (60 ml) **Wasser** verquirlen. In die köchelnde Kokosmilch einrühren. Erneut zum Kochen bringen. Flamme niedrig stellen und 5 Min. unter Rühren köcheln lassen.
3. **Vanille**, **Zimt**, **Muskat**, **Kardamom** und **Nelken** einrühren. 3 bis 5 Min. weiter köcheln, bis der Pudding eindickt. Vom Herd nehmen.
4. Pudding in 4 bis 6 kleine Schüsseln füllen und 20 Min. abkühlen lassen. In den Kühlschrank stellen und 6 Stunden oder über Nacht durchziehen lassen.
5. Kalte Schüsseln aus dem Kühlschrank nehmen und den Pudding am Schüsselrand vorsichtig mit einem Messer lösen. Schüsseln auf Teller stürzen und leicht auf den Schüsselboden klopfen. Schüsseln anheben und nachschauen, ob der Pudding gestürzt ist. Falls nicht, vorsichtig mit einem Messer herauslösen.
6. Mit **Sirup** beträufeln und mit gehackten gerösteten **Cashewkernen** und geschnittenen Früchten und Beeren garnieren.

Variationen:
Ohne Kokosmilch: Kokosmilch mit Soja-, Hafer oder Mandelmilch ersetzen.

Kalu Dodol
karamellig-süße Nascherei

10 bis 15 Stück / Dauer 60 Min. +

3/4 Tasse (150 g) Zucker
1/2 Tasse (120 ml) Wasser
1/4 TL Kardamom gemahlen
1/2 TL Vanillemark oder **1 TL Vanillezucker**
1/4 TL Meersalz
1 Tasse (240 ml) Kokosmilch
3/4 Tasse (75 g) Reismehl
2 EL Zuckerrübensirup oder **dunkler Agavensirup**
1/4 Tasse (35 g) Cashewkerne gehackt, leicht geröstet

1. In einem großen Topf oder Wok **Zucker**, **Wasser**, gemahlenen **Kardamom**, **Vanille** und **Salz** auf relativ niedriger Flamme zum Köcheln bringen. Unter ständigem Rühren 15 bis 20 Min. köcheln lassen, bis der Sirup eindickt.
2. In einer Schüssel **Reismehl** und **Kokosmilch** gut miteinander verquirlen.
3. **Kokosmilch-Reismehl-Mix** nach und nach unter den köchelnden Sirup rühren. **Zuckerrüben-** oder **Agavensirup** zugeben.
4. Unter ständigem Rühren weitere 30 bis 45 Min. auf niedriger Flamme köcheln, bis die Masse dick wird. Nicht anbrennen lassen! Den Mix unbedingt während der gesamten Kochzeit immer umrühren und dabei auch die Ränder und den Boden der Pfanne oder des Woks freischaben. In den letzten 5 bis 10 Kochminuten wird sich langsam Öl vom Rest der Mischung trennen. Das sich an den Seiten und der Oberfläche bildende Öl vorsichtig mit einem Löffel entfernen.
5. **Cashewkerne** einrühren. Topf vom Herd nehmen. Mischung in eine Auflaufform geben und mit einem Löffel oder Pfannenwender glattstreichen. Vor dem Anschneiden mindestens 1 Stunde abkühlen lassen.

Variationen:

Traditionell: Kokosblütenzucker (auch Jaggery genannt) ist die beste Zuckervariante für dieses Rezept. Falls gewünscht, beim Kochen des Sirups 2 EL Zuckerrübensirup mit 2 EL Kokosblütenzucker ersetzen. **Obst & Nüsse:** Statt Cashewkernen Hasel-, Erd-, Pecan- oder Walnüsse und/oder eine Handvoll gehackte Datteln oder Rosinen verwenden. **Nussfrei:** Cashewkerne einfach weglassen.

Wild Spice Coconut Rice
süßer Kokos-Gewürzreis

2 bis 4 Portionen / Dauer 60 Min. +

1 Tasse (165 g) Naturreis oder **roter Reis** oder **Wildreismischung**
1 1/2 Tassen (350 ml) Wasser
1 Tasse (240 ml) Kokosmilch
4 EL Zucker
2–3 Stückchen Zimtrinde oder **1/2 TL Zimt** gemahlen
1/4 TL Muskatnuss gemahlen
1/4 TL Meersalz
Ananas, Mango oder **Banane** gehackt, zum Garnieren

1. **Reis** gut spülen und abtropfen lassen.
2. In einem mittelgroßen Topf mit gut verschließendem Deckel **Wasser** und **Kokosmilch** auf mittlerer Flamme zum Kochen bringen.
3. **Reis**, **Zucker**, **Zimt**, **Muskat** und **Salz** einrühren. Erneut zum Köcheln bringen und Flamme niedrig stellen. Topf mit Deckel fest verschließen und Reis 40 bis 50 Min. garen, bis er weich ist und alle Flüssigkeit absorbiert wurde.
4. Mehrere Male mit einer Gabel lockern. Abdecken und 15 bis 20 Min. ziehen lassen.
5. Mit gehackten **Früchten** garnieren und warm servieren oder abgedeckt abkühlen lassen, kaltstellen, mit Früchten garnieren und kalt servieren.

Payasam
traditioneller Tapioka-Pudding

4 Portionen / Dauer 30 Min.

2/3 Tasse (100 g) Tapioka-Perlen
2 EL Kokosöl
1 Tasse (240 ml) Kokosmilch
2 Tassen (480 ml) Wasser
1/4 Tasse (55 g) Zucker
3–4 Kardamomkapseln
3–4 Stückchen Zimtrinde oder **3/4 TL gemahlener Zimt**
1/2 TL Vanillemark oder **1 TL Vanillezucker**
4 Datteln gehackt oder **2 EL Rosinen** zum Garnieren
2 EL (25 g) Cashewkerne leicht geröstet, gehackt

1. In einem mittelgroßen Topf **Öl** auf mittlerer Flamme erhitzen. **Tapioka-Perlen** hineingeben und 3 bis 5 Min. unter regelmäßigem Rühren rösten.
2. **Kokosmilch** und **Wasser** einrühren. Zum Köcheln bringen, abdecken und 10 Min. köcheln lassen.
3. **Zucker**, **Kardamom**, **Zimt** und **Vanille** einrühren.
4. Abdecken und weitere 5 bis 10 Min. unter gelegentlichem Rühren köcheln lassen, bis der Pudding eindickt.
5. Vom Herd nehmen und 20 bis 30 Min abkühlen lassen. Auf Wunsch 2+ Stunden im Kühlschrank kaltstellen.
6. Mit gehackten **Datteln** und **Cashewstückchen** garnieren und servieren.

Variationen:
Statt Datteln: 2 EL Rosinen, getrocknete Cranberries oder Kirschen verwenden.
Fruchtig: Mit frischen Mango- oder Bananenscheiben krönen.

Ladoos
mit Rosinen & Cashewkernen

ca. 10 Stück / Dauer 45 Min. +

1 Tasse (115 g) Kichererbsenmehl
2/3 Tasse (150 ml) Wasser

1 1/4 Tassen (270 g) Zucker
1/2 Tasse (120 ml) Wasser
1 TL Zitronensaft
1/2 TL Zitronenabrieb
3 Kardamomkapseln oder **1/4 TL Kardamom** gemahlen
3 Nelken oder **1/4 TL Nelken** gemahlen
2 kleine Stückchen Zimtrinde oder **1/4 TL Zimt** gemahlen
1/4 TL Muskat gemahlen
4–5 Safranfäden *wenn gewünscht*
1/4 Tasse (30 g) Cashewkerne gehackt
1/4 Tasse (35 g) Rosinen
Pflanzenöl zum Frittieren

1. In einer großen Schüssel mit Ausgießer **Kichererbsenmehl** und 150 ml **Wasser** miteinander verquirlen. Abdecken und 20 Min. ruhen lassen.
2. In einem mittelgroßen Topf 120 ml **Wasser** auf mittlerer Flamme zum Kochen bringen. Nach und nach **Zucker**, **Zitronensaft** und -abrieb, **Kardamom**, **Nelken**, **Zimt** und **Muskat** einrühren. Erneut zum Köcheln bringen, danach Flamme niedrig stellen. Zucker auflösen und Sirup 10 Min. unter gelegentlichem Rühren eindicken lassen. Flamme abstellen.
3. Wenn gewünscht **Safranfäden** unterrühren.
4. **Öl** 3 bis 5 cm hoch in einen kleinen Topf gießen und auf mittlerer Flamme erhitzen. Das Öl ist heiß genug, wenn eine kleine Menge Teig nach dem Hineingeben schnell brutzelnd an die Oberfläche steigt.
5. Eine große flache Schaumkelle mit Löchern über das heiße Öl halten. Vorsichtig Teig in die Kelle gießen und dabei die Kelle leicht schwenken oder anstupsen, damit der Teig durch die Löcher ins heiße Öl tropft. Topf nicht überladen, damit die Temperatur konstant bleibt.
   Die Teigtropfen pro Ladung 3 bis 4 Min. frittieren, bis sie leicht goldbraun sind.
   Sie sollen nicht dunkelbraun oder knusprig werden.
6. Fertige Teigtropfen mit einem kleinen Metallsieb oder einer kleinen Schaumkelle aus dem Öl heben und kurz über dem Topf abtropfen lassen. Teigtropfen in den kleinen Topf mit dem warmen Sirup geben. Den restlichen Teig in frittierte Tröpfchen verwandeln und ebenfalls in den Sirup geben.
7. **Cashewstückchen** und **Rosinen** zu den Teigtropfen in den Sirup geben und gut umrühren, bis alles mit Sirup überzogen ist. Topf abdecken und 1 bis 2 Stunden abkühlen lassen.
8. Hände mit Wasser befeuchten und walnussgroße Kugeln aus der klebrigen Masse formen.
   Fertige Kugeln auf einen Teller oder in eine Schüssel legen.
9. Die Ladoo-Kugeln halten sich in einem luftdichten Behälter bis zu einer Woche.

Date Cake
mit gehackten Datteln & Banane

8 bis 12 Stück / Dauer 50 Min.

1 Tasse (120 g) Mehl (Type 550)
1/2 Tasse (110 g) Zucker
1 EL Leinsamen gemahlen oder **1 EL Speisestärke**
1 TL Backpulver
1/2 TL Vanillemark oder **1 TL Vanillezucker**
1/2 TL Kardamom gemahlen
1/2 TL Zimt gemahlen
1/3 Tasse (55 g) Margarine (z.B. Alsan) oder **Kokosöl**
1 sehr reife Banane (100 g)
3/4 Tasse (100 g) Datteln gehackt

1. Ofen auf 190 °C / Stufe 5 vorheizen.
2. In einer kleinen Schüssel die **Banane** mit einer Gabel gut zerdrücken.
3. **Margarine** (oder **Kokosöl**) in einer kleinen Pfanne auf niedriger Flamme zerlassen.
4. In einer großen Schüssel **Mehl**, **Zucker**, gemahlene **Leinsamen** (oder **Speisestärke**), **Backpulver**, **Vanille**, **Kardamom** und **Zimt** vermischen.
5. **Margarine** (oder flüssiges Kokosöl) und die zerdrückte **Banane** untermengen. Solange verrühren, bis keine Klümpchen mehr zu sehen sind.
6. Gehackte **Datteln** unterheben. Teig in eine gefettete Backform geben.
7. 35 bis 45 Min. backen, bis ein Zahnstocher beim Einstechen sauber wieder herauskommt. Aus dem Ofen nehmen und mit einem sauberen Geschirrtuch abdecken. Vor dem Anschneiden und Servieren 20 Min. abkühlen lassen.

Variationen:
Süß und dunkel: 2 EL Zuckerrübensirup zusammen mit der Banane zugeben.
Nussig: 1/4 Tasse (30 g) gehackte Cashewkerne oder Walnüsse zusammen mit den Datteln unter den Teig heben.

Kokosnusstaschen
leckeres Gebäck mit saftiger Füllung

8 bis 10 Stück / Dauer 45 Min. +

Teig:

3 Tassen (375 g) Mehl (Type 550)
1/2 TL Meersalz
2 EL Zucker
1/2 TL Backpulver
8 EL (110 g) Margarine oder **Kokosöl**
3/4 Tasse (180 ml) kaltes Wasser
2 EL Soja- oder **Reismilch** zum Bepinseln *wenn gewünscht*

1. In einer großen Schüssel **Mehl**, **Salz**, **Zucker** und **Backpulver** vermischen.
2. **Margarine** in kleine Stückchen schneiden und in die Schüssel geben. Mit den Händen in den Mehlmix einkneten. Nach und nach kaltes **Wasser** unterkneten. Den Teig einige Minuten durchkneten, bis eine glatte, gummiartige Masse entsteht. Bei Bedarf mehr **Mehl** oder **Wasser** unterkneten.
3. In 8 bis 10 gleich große Kugeln formen. Teigkugeln zurück in die Schüssel legen, abdecken und 20 Min. gehen lassen.

Süße Kokosnussfüllung:

2 Tassen (180 g) frisch geraspelte Kokosnuss
oder **1 Tasse (85 g) getrocknete Kokosraspeln + 1/2 Tasse (120 ml) warmes Wasser**
4 EL Kokosblüten- oder **Agavensirup** oder **4 EL Zucker**
1/2 TL Zimt gemahlen

1. Frische **Kokosraspel**, **Sirup** (oder **Zucker**) und **Zimt** in einer Schüssel gut vermengen. Getrocknete **Kokosraspel** zusammen mit **Sirup** und **Zimt** und dem warmen **Wasser** verquirlen, abdecken und 20 Min. quellen lassen.
2. Ofen auf 200 °C / Stufe 6 vorheizen.
3. Auf einer bemehlten Oberfläche eine Teigkugel mit einem Nudelholz (oder einer Flasche) etwa 1 cm dick ausrollen. Für halbmondförmige Taschen mit Hilfe eines kleinen runden Tellers oder einer mittelgroßen runden Schüssel runde Teigkreise ausschneiden. Für Dreiecke Quadrate ausschneiden. Reste zu einer neuen Kugel rollen und weiterverwenden.
4. Auf jeden Kreis oder jedes Quadrat 2 bis 3 EL der Füllung geben. Finger in etwas **Sojamilch** (oder **Wasser**) tunken und die äußeren Ränder zum späteren Versiegeln damit befeuchten. Teig umschlagen und Ränder fest mit einer Gabel zusammenpressen.
5. Auf Wunsch mit **Sojamilch** (oder **Reismilch**) bepinseln. Vorsichtig auf ein mit Backpapier ausgelegtes Backpapier legen und restliche Taschen bzw. Dreiecke vorbereiten.
6. 18 bis 22 Min. backen, bis die Taschen leicht goldbraun sind und Ränder knusprig und dunkel werden.
7. Vor dem Servieren 5 Min. abkühlen lassen. Vorsicht, die Füllung ist sehr heiß!

Variation:

Fruchtig: 1 Tasse geraspelten Apfel und/oder 1/4 Tasse (30 g) fein gehackte Datteln oder Rosinen unter die Füllung mischen.

Kesari
Grieß-Konfekt

10 bis 12 Stück / Dauer 40 Min. +

1 Tasse (200 g) Zucker
2 1/2 Tassen (600 ml) Wasser
2 cm frischer Ingwer gehackt
1 TL Limettenabrieb
6 Kardamomkapseln zerdrückt
6 Nelken
2–3 Stückchen Zimtrinde oder **3/4 TL Zimt** gemahlen
6–8 Safranfäden
2/3 Tasse (110 g) Margarine (z.B. Alsan) oder **Kokosöl**
1 Tasse (185 g) feiner Grieß
3 EL (30 g) Cashewkerne gehackt, leicht geröstet

1. In einem kleinen Topf **Wasser** zum Kochen bringen. **Ingwer**, **Limettenabrieb**, **Kardamom**, **Nelken** und **Zimt** hineingeben. Vom Herd nehmen, abdecken und 10 Min. ziehen lassen. Durch ein Sieb in eine Schüssel gießen und Gewürze wegwerfen.
2. **Zucker** und **Safranfäden** zum **Gewürzwasser** geben und umrühren, bis sich der Zucker auflöst.
3. In einer großen Pfanne oder einem Wok **Margarine** oder **Öl** auf mittlerer Flamme erhitzen. Nach und nach den **Grieß** einrühren. Unter ständigem Rühren 5 bis 7 Min. rösten, bis der Grieß goldbraun wird. Nicht anbrennen lassen!
4. Vorsichtig umrühren und dabei nach und nach den Gewürzsirup einrühren. Flamme niedrig stellen. 7 bis 10 Min. köcheln, bis die Masse sämig und dick ist.
5. **Cashewstückchen** einrühren. Flamme abstellen. Grießmasse in eine Auflaufform geben. 30 Min. abkühlen lassen. In Rechtecke oder Rauten schneiden und servieren.

Aluwa
Cashew-Konfekt

15 bis 20 Stück / Dauer 30 Min.

2/3 Tasse (90 g) Cashewkerne gehackt
3/4 Tasse (135g) Basmati-Reis
oder **3/4 Tasse (135 g) Reismehl**
1/3 Tasse (80 ml) Wasser
2/3 Tasse (120 g) Zucker
1 TL Orangenabrieb
1/2 TL Zimt gemahlen
1/4 TL Kardamom gemahlen

1. Eine große Pfanne auf mittlerer Flamme erhitzen. **Cashewkerne** hineingeben und leicht rösten. In eine kleine Schüssel geben und abkühlen lassen. Kerne grob hacken oder in der Küchenmaschine oder mit Mörser und Stößel fein häckseln bzw. mahlen.
2. In derselben Pfanne **Reis** oder **Reismehl** unter ständigem Rühren und Schwenken 5 bis 7 Min. goldbraun und aromatisch rösten. Nicht anbrennen lassen.
3. Den **Reis** abkühlen lassen und im Trockenaufsatz eines Hochleistungsmixers oder mit einer Küchenmaschine 60 bis 90 Sek. fein mahlen. **Reismehl** nach dem Rösten einfach abkühlen lassen.
4. In einem mittelgroßen Topf **Wasser** auf mittlerer Flamme zum Kochen bringen. **Zucker** und **Orangenabrieb** einrühren. Wenn sich der Zucker aufgelöst hat, die Flamme niedrig stellen. 5 bis 7 Min. köcheln lassen, bis der Sirup leicht eindickt. Vom Herd nehmen und abkühlen lassen.
5. Ein großes Schneidebrett oder die Küchenarbeitsfläche mit 1/2 EL geröstetem **Reismehl** bestreuen. Einen weiteren 1/2 EL **Reismehl** fürs spätere Bestreuen aufbewahren.
6. In einer großen Schüssel geröstetes **Reismehl**, gehackte oder gemahlene **Cashewkerne**, **Zimt** und **Kardamom** vermischen. Warmen (nicht heißen) **Sirup** zugießen. Mit einer Gabel verrühren und dann mit den Händen zu einem gleichmäßigen Teig verkneten.
7. Teig auf die mit Reismehl bestreute Oberfläche legen und flach drücken. Restlichen 1/2 EL **Reismehl** darüber streuen. Teig 30 Min. abkühlen und fest werden lassen.
8. Mit einem großen scharfen Messer kleine Rauten oder Quadrate schneiden.
9. Mit Chai oder Kaffee servieren. Die Cashew-Häppchen halten sich in einem luftdicht verschließbaren Behälter bis zu einer Woche.

Variationen:
Nüsse: Alle oder die Hälfte der Cashewkerne mit Hasel-, Pecan-, Walnüssen o. Ä. ersetzen.
Dekadent: Sirup mit 3/4 Tasse (155 g) Zucker und 1/2 Tasse (120 ml) Kokosmilch (statt Wasser) cremig und noch süßer machen.

Bananen-Pancakes
mit gehackten Datteln & Sirup

2 bis 3 Portionen / time 30 min +

1 große Banane in kleine Stückchen geschnitten
1 Tasse (130 g) Mehl
1 EL Kichererbsenmehl oder **Leinsamen** gemahlen
1 EL Speisestärke
3 EL Zucker
1 TL Backpulver
1/4 TL Zimt gemahlen
1/4 TL Meersalz
1 Tasse (240 ml) Soja- oder **Kokosmilch**
1/2 Tasse (120 ml) Wasser
1 TL Zitronensaft
Pflanzenöl
3–4 Datteln gehackt, zum Garnieren
Kokosblüten- oder **Agavensirup**

1. In einer großen Schüssel **Mehl**, **Kichererbsenmehl** (oder gemahlene **Leinsamen**), **Speisestärke**, **Zucker**, **Backpulver**, gemahlenen **Zimt** und **Salz** vermischen.
2. In einer Tasse **Soja**- oder **Kokosmilch**, **Wasser** und **Zitronensaft** verquirlen.
3. Nasse Zutaten unter die trockenen rühren, bis ein größtenteils glatter Teig entsteht. Nicht zu stark verrühren, da die Pancakes sonst zäh werden. Kleinere Klümpchen stören nicht. Abdecken und Teig 20 bis 30 Min. ruhen lassen.
4. Eine am besten gusseiserne Pfanne auf mittlerer Flamme erhitzen. Einige Tropfen **Öl** hineingeben und mit einem Stück Küchenpapier verreiben. Das Einfetten vor jedem Pancake wiederholen. Die Pfanne ist heiß genug, wenn ein Tropfen Wasser zischend auf der Oberfläche umherspringt.
5. Pro Pancake 2 bis 3 EL Teig in die heiße Pfanne geben. Mehrere Pancakes gleichzeitig backen. Auf jeden Pancake einige Bananenstückchen verteilen.
6. 3 bis 4 Min. backen, bis auf der Oberseite Bläschen entstehen und die Unterseite goldbraun ist. An den Rändern anheben und dann vorsichtig mit einem Pfannenwender wenden. Pancake sanft nach unten drücken. Zweite Seite 1 bis 2 Min. backen. Pancakes auf einen Teller legen und zum Warmhalten abdecken. Restlichen Teig in Pancakes verwandeln.
7. Fertige Pancakes mit gehackten **Datteln**, zusätzlichen **Bananenstückchen** und **Sirup** garnieren und servieren.

Variationen:

Anderes Obst: Statt Bananenstückchen frische oder gefrorene Beeren oder Ananas verwenden.
Nussig: Zusammen mit den Obststückchen Walnuss- oder Pecanstückchen zugeben.
Vollwertig: Vollkorn- oder Dinkelmehl verwenden.

Zitronen-Vanille-Muffins
mit Himbeer-Sirup

8 bis 12 Stück / Dauer 40 Min.

2 Tassen (260 g) Weizenmehl (Type 550) oder **Dinkelmehl**
2 EL Kichererbsen- oder **Reismehl**
1 1/2 TL Backpulver
1/2 Tasse + 2 EL (130 g) Zucker
3/4 Tasse (180 ml) Soja- oder **Mandelmilch**
1 TL Reis- oder **Apfelessig**
1/3 Tasse (80 ml) Pflanzenöl
1/2 TL Vanillemark oder **1 TL Vanillezucker**
1 EL Zitronensaft
1 TL Zitronenabrieb
Himbeeren klein geschnitten oder zerdrückt, zum Garnieren
Kokosblüten- oder **Agavensirup** zum Garnieren

1. Ofen auf 190 °C / Stufe 5 vorheizen.
2. In einer großen Schüssel **Mehl**, **Kichererbsenmehl** (oder **Reismehl**), **Backpulver** und **Zucker** vermischen.
3. In einer zweiten Schüssel **Soja**- oder **Mandelmilch**, **Essig**, **Öl**, **Vanille**, **Zitronensaft** und **-abrieb** verquirlen.
4. Feuchte Zutaten unter die trockenen rühren, bis größere Klümpchen verschwunden sind. Nicht zu stark rühren, damit die Muffins nicht zu fest werden.
5. Teig in eine leicht gefettete Muffinform oder in ofenfeste gefettete Tassen gießen. Für kleine Muffins nur halbvoll, für extra große Muffins mit einer gewölbten Haube bis fast zum Rand füllen.
6. 18 bis 22 Min. backen, bis die Muffinoberflächen goldbraun sind und ein Zahnstocher beim Einstechen sauber wieder herauskommt.
7. Aus dem Ofen nehmen und 10 Min. abkühlen lassen.
8. **Himbeeren** und **Sirup** in einer kleinen Schüssel verrühren und vor dem Servieren über die Muffins träufeln.

Variationen:

Weniger Öl: Nur 2 bis 3 EL Öl und 1 große zerdrückte sehr reife Banane verwenden. **Beeren:** Vor dem Gießen in die Form Beerenstückchen unter den Teig rühren. **Zimt-Orange:** 3/4 TL gemahlenen Zimt in den Teig rühren. Statt Zitronensaft und -abrieb 2 EL Orangensaft und 2 TL Orangenabrieb verwenden.

Obstsalat
mit Cashew-Kokos-Creme und Sirup

3 bis 4 Portionen / Dauer 20 Min. +

1 Tasse (150 g) reife Mango gewürfelt
1 Tasse (150 g) Honigmelone oder **Wassermelone** gewürfelt
1 Tasse (130 g) Papaya gewürfelt
1 Tasse (130 g) Ananas gewürfelt
1 (130 g) Banane in Scheiben geschnitten
1–2 Tassen (200–400 g) Cashew-Kokos-Creme
oder **1–2 Tassen (200–400 g) Soja-** oder **Kokosjoghurt**
Kokosblüten- oder **Agavensirup** zum Garnieren
frische Minzblätter gehackt, zum Garnieren

1. **Obst** in Schichten oder gemischt in gekühlte Gläser geben.
2. Mit **Cashew-Kokos-Creme** (oder **Soja**- oder **Kokosjoghurt**) und **Sirup** garnieren. Mit einigen frischen gehackten **Minzblättern** krönen und servieren.

Cashew-Kokos-Creme:

3/4 Tasse (90 g) Cashewkerne
2–3 EL Kokosraspel
2/3 Tasse (160 ml) Wasser
1 EL Zitronensaft
1/2 TL Reisessig
2 TL Zucker
1 Prise Meersalz

1. **Cashewkerne** und **Kokosraspel** 6 Stunden oder über Nacht in Wasser einweichen. Abgießen und Wasser wegschütten.
2. **Alle Zutaten** bis auf das **Wasser** in einen Mixer oder eine Küchenmaschine geben. Einige Male kurz häckseln. Nach und nach **Wasser** zugeben und gleichzeitig auf immer höherer Stufe 90 Sek. glatt pürieren. Immer wieder pausieren und die Mixerinnenwände nach unten frei schaben.
3. In eine Schüssel geben und abdecken. Vor dem Servieren 2 Stunden im Kühlschrank kaltstellen und durchziehen lassen.

Variationen:

Exotisch: Litschi- oder Sternfruchtstückchen oder eine andere tropische Frucht zugeben.
Anderes Obst: Weintrauben, Beeren, Apfel- oder Orangenstückchen oder anderes Obst ausprobieren.
Ohne Kokos: Kokosraspel mit mehr Cashewkernen, 1 bis 2 EL Pinienkernen, Hanfsamen, Macadamia- oder Paranüssen o. Ä. ersetzen.

Frosty Masala Chai Coffee
eiskalt & würzig

2 bis 4 Portionen / Dauer 20 Min. +

1/2 Tasse (120 ml) sehr starker Kaffee (z.B. ein doppelter Espresso) oder **schwarzer Tee**
2–3 Stückchen Zimtrinde oder **1/2 TL Zimt** gemahlen
3 Kardamomkapseln zerstoßen
1 cm frischer Ingwer gehackt
2 Nelken
1 Prise Muskatnuss frisch gerieben
1–2 EL Zucker *wenn gewünscht*
1 Tasse (240 ml) kalte Kokos-, Mandel- oder **Sojamilch**
6–8 Eiswürfel

1. Frisch gebrühten **Kaffee**, **Espresso** oder **Tee** in eine Tasse oder kleine Schüssel gießen.
2. **Zimt**, **Kardamom**, **Ingwer**, **Nelken**, **Muskat** und auf Wunsch **Zucker** einrühren.
3. Einige Male umrühren und mit einer Untertasse abdecken. 30 Min. ziehen lassen. Durch ein Sieb in eine zweite Tasse geben und **Gewürze** entfernen.
4. **Gewürzkaffee** oder **Tee** mit den **Eiswürfeln** und der **Pflanzenmilch** 20 bis 30 Sek. im Mixer pürieren. Auf Wunsch mehr **Eis** oder **Milch** zufügen.
5. In gekühlte Gläser gießen und sofort kalt genießen.

Variationen:

Schoko: 1 TL Kakao oder Kakaonibs zugeben. **Andere Superfoods:** Mit Lucuma, Maca, Baobabpulver o. Ä. aufpeppen. **Kokosmilch selbstgemacht:** Zunächst 2 bis 3 EL Kokosraspel und 1 Tasse (240 ml) Wasser im Mixer kurz pürieren, dann weitere Zutaten zugeben und fein pürieren.

Fuzzy Gold Frosty Drink
erfrischende Sinfonie mit Ananas, Ingwer & Kurkuma

2 bis 4 Portionen / Dauer 15 Min. +

1–2 Tassen (120–240 g) frische Ananas gehackt
2 EL Zitronen- oder **Limettensaft**
4 cm frische Kurkumawurzel geschält, gehackt
3 cm frischer Ingwer geschält, gehackt
1–2 EL Agavensirup oder **Zucker**
8–12 Eiswürfel
2 Tassen (480 ml) kaltes Sprudel- oder **gefiltertes Wasser**

1. Zunächst 1 Tasse **Wasser**, dann **alle restlichen Zutaten** bis auf das restliche **Wasser** in den Mixer geben. Einige Male pulsieren, dann nach und nach restliches **Wasser** zugeben, Stufe graduell erhöhen und alles 30 bis 45 Sek. zu einem glatten Drink pürieren.
2. Sofort in gekühlten Gläsern servieren.

Banana Lassi
klassischer Joghurt-Shake

2 Portionen / Dauer 10 Min. +

2 reife mittelgroße Bananen geviertelt
1 Tasse (240 ml) Soja- oder **Kokosnussjoghurt**
2 EL Agavensirup oder **2 gehackte Datteln** oder **1–2 EL Zucker**
1 Prise Meersalz
2 Tassen (480 ml) kaltes Wasser
6–10 Eiswürfel
1 Prise Safranfäden zum Garnieren *wenn gewünscht*
frische Minzblätter zum Garnieren *wenn gewünscht*

1. **Alle Zutaten** bis auf das **Wasser** und die Garnierung in einen Mixer geben. **Wasser** nach und nach zugießen und alles 30 bis 45 Sek. zunächst auf niedriger und dann auf hoher Stufe glatt pürieren.
2. In gekühlten Gläsern servieren und sofort genießen.

Variationen:

Mango: Statt oder zusammen mit den Bananen eine Handvoll frischer Mangowürfel oder 3 bis 4 EL Mangomark verwenden. **Bananig-beerig:** Eine Handvoll frische oder gefrorene Erdbeeren, Heidelbeeren oder andere Beeren hinzufügen.

Hinweis: Wasser nicht mit Pflanzenmilch ersetzen! Ein echter Lassi wird ausschließlich mit Joghurt, Wasser und Eiswürfeln zubereitet.

Mango-Eis
tropischer Genuss

2 bis 4 Portionen / Dauer 20 Min. +

3 reife mittelgroße (300 g) Bananen
1 reife mittelgroße (350 g) Mango
2–4 EL Kokos-, Hafer-, Mandel- oder **Sojamilch**
frische Minzblätter zum Garnieren

1. **Bananen** und **Mango** schälen und grob hacken. In einem Plastikbehälter oder einem Gefrierbeutel mindestens 8 Stunden einfrieren.
2. Gefrorene **Bananen**- und **Mangostücke** und 2 EL **Pflanzenmilch** in einen Mixer geben. In Intervallen mit Hilfe des Stopfers und bei Bedarf mit etwas mehr **Milch** zu einem sämigen Sorbet pürieren. Mixer nicht zu lange und nicht auf höchster Stufe laufen lassen, damit das Eis nicht schmilzt.
3. Mit frischen **Minzblättern** garnieren. In gekühlten Schüsseln oder Gläsern servieren und sofort genießen.

Variationen:
Nussig: 1/3 Tasse (30 g) Cashewkerne, am besten über Nacht eingeweicht und abgegossen, zusammen mit den Fruchtstücken pürieren. Bei Bedarf beim Pürieren mehr Pflanzenmilch zugießen. **Beerig:** Eine Handvoll gefrorene Erd-, Him-, Blau- oder andere Beeren zugeben.